APRENDER TELEJORNALISMO

SEBASTIÃO CARLOS DE M. SQUIRRA

APRENDER TELEJORNALISMO

PRODUÇÃO E TÉCNICA

editora brasiliense

Copyright © by Sebastião Carlos de Morais Squirra. 1989

Nenhuma parte desta publicação pode ser gravada, armazenada em sistemas eletrônicos, fotocopiada, reproduzida por meios mecânicos ou outros quaisquer sem autorização prévia da editora.

ISBN: 85-11-22026-7
2ª edição, 1993
2ª reimpressão, 2004

Copydesk: M. de Fátima Mendonça Couto
Revisão: Izabel C. M. Rodrigues e José Joaquim Sobral
Ilustrações: Ricardo Azevedo
Capa: Edmundo França

Dados Internacionais de Catalogação na Publicação (CIP)
(Câmara Brasileira do Livro, SP, Brasil)

Squirra, Sebastião Carlos de M.
 Aprender telejornalismo : produção e técnica / Sebastião Carlos de M. Squirra. – São Paulo : Brasiliense, 2004.

 2ª reimpr. da 2. ed. de 1993.
 Bubliografia.
 ISBN 85-11-22026-7

 1. Telejornalismo 2. Telejornalismo - Brasil I. Título.

04-3461   CDD-070.195

Índices para catálogo sistemático:
1. Telejornalismo   070.195

editora brasiliense s.a.
Rua Airi, 22 – Tatuapé – CEP 03310-010 – São Paulo – SP
Fone/Fax: (0xx11) 6198-1488
E-mail: brasilienseedit@uol.com.br
www.editorabrasiliense.com.br

livraria brasiliense s.a.
Rua Emília Marengo, 216 – Tatuapé – CEP 03336-000 – São Paulo – SP
Fone/Fax (0xx11) 6675-0188

SUMÁRIO

Prefácio 7

PROCESSO

Introdução 11
Televisão: cinema + fotografia + teatro
+ literatura 19
A emissora: estrutura de produção 39
A notícia e o telespectador 47
A expressão é cinética 59
O telejornalismo e a reportagem 75
Edição 93

TÉCNICA

A imagem 111
A câmara eletrônica 125
Configurações de equipamento 131
Linguagem televisual 135
Iluminação básica 143
Sonoplastia e captação sonora 149

Glossário 159
Bibliografia 173
Anexos 175

A Alice Moraes, José Carlos, Antonio Carlos e João Carlos, mãe e irmãos.

Meus agradecimentos aos professores-doutores José Marques de Melo, José Coelho Sobrinho e Francisco de Assis Fernandes. E à Maria de Lourdes Pedreira.

PREFÁCIO

Os avanços tecnológicos no Brasil, apesar de nosso atraso, têm causado segmentações sociais que ainda não foram observadas pelos olhos das ciências com a importância devida. *Ciências e culturas*, sob o impacto da tecnologia — produto da Ciência —, geram *sociedades* em estágios diferentes, que "convivem" em aparente igualdade mas sobrevivem como espectadores de diferentes mundos. A meta comum é galgar degraus que confiram novo *status* e futuro condizente com as imagens olimpianas geradas pelos meios de comunicação de massa. A superação de um estágio revela que a desigualdade continua, pois sempre há um segmento superior a ser alcançado.

As novelas, por exemplo, geram estruturas que são decodificadas pelos diferentes valores dos telespectadores. Os jornais televisivos são os propagadores da "verdade" e são invariavelmente invocados como argumentos seguros para confirmar afirmações. E, através da tela, os assistentes vão incorporando

novos conceitos ou estratificando necessidades que lhes permitam "subir na vida".
É sobre o jornalismo em televisão que o professor Squirra escreve. Sua obra deve ser atentamente digerida pelo leitor, pois o seu trabalho diz muito, também, nas entrelinhas.

Quando ainda se discute a validade da formação superior do jornalista, o autor, sem insistir no tema, mostra que o domínio da linguagem e da técnica jornalística merece espaço próprio para a formação de profissionais competentes, alinhados com princípios éticos e conhecedores do verdadeiro e importante papel que desempenham na sociedade.

Um outro aspecto que deve ser ressaltado no texto se refere ao uso apropriado da técnica para atingir a heterogeneidade do público da televisão, mostrando que a comunicação por esse veículo exige conhecimentos específicos e multidisciplinares.

Nesta edição, o professor Squirra traça as linhas mestras necessárias ao aprendizado do telejornalismo, fruto de sua experiência de jornalista de televisão e de docente da área.

José Coelho Sobrinho
Professor do Curso de Jornalismo e Editoração da ECA/USP

PROCESSO

INTRODUÇÃO

O telejornal tem desempenhado papel fundamental na produção e divulgação de informações hoje em nosso país. Fatias extremamente consideráveis da população tomam conhecimento das notícias da sua cidade, da sua região, do seu país, bem como do resto do mundo, assistindo diariamente a um dos programas de jornalismo veiculados pelas emissoras de televisão existentes.

Entretanto, a função desempenhada pela TV como veiculador de informação, cultura e conhecimento trouxe algumas controvérsias. Gostaríamos de apresentar uma delas, já que alguns críticos mais exigentes não crêem na potencialidade da televisão. Décio Pignatari é um exemplo dessa corrente de pensamento. Ele afirma que "os mídia eletrônicos, tendo a televisão como carro-chefe, educam 2/3 da população para o bem-estar e o consumo, cabendo aos outros mídia, com a imprensa à frente, educar politicamente o terço restante, aquele segmento que chamo de 'minorias de massa' "[1].

A simples constatação da incapacidade de "educar politicamente" a totalidade da população não pode ser imputada a um único meio de comunicação, e muito menos se pode esperar que seja uma responsabilidade exclusiva da televisão. Entendemos que muitos fatores alheios aos meios de comunicação interferem neste processo. A realidade do país apresenta altíssimas taxas de analfabetos, poder aquisitivo com grave desigualdade e descaso quase absoluto das autoridades pela educação. O significativo desinteresse pela leitura reflete forte ineficácia também para o conhecimento do saber e do ser político, se tomarmos a comunicação escrita, no caso o jornal diário, como referência.

A televisão é hoje o veículo mais popular como forma de entretenimento, atualização e obtenção de informações. Pela sua própria natureza, não é um veículo de minorias.

Respaldando esse ponto de vista, Tom Wicker argumenta: "Como a televisão é tão imediata e atinge uma audiência tão vasta, com uma eficiência tecnológica surpreendente, ela parece capaz de tudo, inclusive de mostrar a verdade em momentos em que ela necessariamente não pode ser conhecida"[2]. O jornalista descreve o desespero dos políticos da Casa Branca americana com a divulgação "ao vivo" do atentado contra o presidente Ronald Reagan em março de 81. Quer dizer, a situação poderia ser muito mais bem controlada se as equipes de televisão não estivessem acompanhando e transmitindo imagens e sons "reais e imediatos" do presidente e seu *staff*. É possível prever as conseqüências da transmissão direta da morte de um presidente americano, vítima de um atentado. Isto se torna muito mais delicado se a transmissão

---

1. PIGNATARI, Décio. "Ideologia dos meios de massa", *Folha de S. Paulo*, 10.02.84.
2. WICKER, Tom. "O risco do erro na TV e no jornal", *O Estado de S. Paulo*, 08.04.81.

for feita pela televisão, dada a força das imagens ao vivo.

O que inibe veículos que poderiam ser difusores de conhecimento, como o jornal, o rádio e a televisão, é que, motivados basicamente por interesses capitalistas, eles despersonalizaram seu principal "produto": a notícia. As notícias se tornaram produtos de consumo, como qualquer outro colocado à disposição da população nos pontos de acesso existentes. Juan Somavia afirma que "a notícia se transformou em uma simples mercadoria que é vendida segundo a lógica do mercado dominante, e, em conseqüência, é incapaz de refletir as realidades histórico-culturais e políticas que dão aos fatos real dimensão"[3].

Apesar desta delicada realidade, as pesquisas têm revelado que, dos meios de comunicação, a televisão é o veículo mais popular e o que está na preferência das pessoas como forma de informação, entretenimento, cultura e lazer. Pode-se afirmar que é impossível imaginar a realidade contemporânea sem a presença da televisão.

No *ranking* de popularidade do conjunto das instituições brasileiras, a televisão saiu vitoriosa em recente pesquisa do jornal *Folha de S. Paulo*. As emissoras de televisão apareceram em primeiro lugar, com as maiores taxas de "muito prestígio" (alcançando 81% da preferência dos votos) e "muito poder" (com 80% dos votos)[4]. Isto quer dizer que, vindo à frente de instituições importantes e respeitáveis como o Legislativo, o Executivo, o Judiciário e a Igreja, e ocupando lugar invejável na aceitação popular, as emissoras de televisão podem estar fazendo o papel e funcionando como "divulgadoras da verdade".

Daniel Boorstin afirma que "as experiências feitas pelo homem que nós vemos nos aparelhos de te-

---
3. SOMAVIA, Juan. "A estrutura transnacional de poder e a informação internacional", in *A informação na Nova Ordem Internacional*, Fernando Reyes Matta (org.), Paz e Terra, São Paulo, 1980.
4. "População elege a TV instituição mais poderosa do país", *Folha de S. Paulo*, São Paulo, 29.03.87.

vê tornaram-se mais reais do que as nossas experiências diárias. A tevê provocou uma inversão no nosso consciente. Nada é verdadeiramente real, a menos que 'aconteça na tevê' "[5]. Esta observação pode ajudar a entender o porquê do enorme crédito conferido pela população à televisão.

Na análise da pesquisa citada anteriormente, que apontou a televisão como a instituição mais poderosa do país, Anamaria Fadul explica que "há muito tempo já se sabia que o prestígio e o poder da televisão não estavam relacionados somente com o sucesso das telenovelas, mas também com aquele dos telejornais. Informação e diversão representando assim um binômio extremamente sedutor em um país com graves problemas estruturais"[6].

Os programas telejornalísticos são espaços conquistados pelo sempre crescente interesse da população pelas notícias. Outro fator de importância são as específicas características dos programas jornalísticos com relação ao resto da programação das emissoras. O telejornal é, pelas características dos assuntos que aborda e veicula, o tipo de programa que mais credibilidade proporciona às emissoras. Credibilidade junto aos anunciantes (cujos espaços para anúncios são geralmente os mais caros) e prestígio junto ao poder político e econômico da nação. Isto por causa da capacidade que tem de falar com os mais diversos tipos e classes sociais que, no geral, caracterizam a televisão e o telejornal possui no particular.

Para se ter uma dimensão aproximada da importância da abrangência da televisão, apresentamos dados colhidos junto ao Departamento de Pesquisas da Rede Globo, que mostram que o *Jornal Nacional* tem a preferência de 90% do público que assiste à televisão no horário das 8 da noite. Este percentual equiva-

---

5. BOORSTIN, Daniel. "A realidade falsificada pela TV. Até quando?", *Jornal da Tarde*, São Paulo, 31.03.79.
6. FADUL, Anamaria. "Pesquisa apresenta visão conjunta das instituições", *Folha de S. Paulo*, São Paulo, 01.04.87.

INTRODUÇÃO 15

le a exatas 32 894 000 pessoas. Seu mais próximo concorrente tem 4%, o que corresponde a 1 591 000 pessoas em todo o país. Os índices medem a quantidade de pessoas comparativamente ao número de aparelhos. Se considerarmos a média de 3 pessoas por aparelho, o *Jornal Nacional* estará, virtualmente, atingindo 97 milhões de telespectadores. De acordo com os levantamentos do Instituto de Veiculação e Circulação, o montante de circulação de jornais impressos no país atinge 4 619 122 exemplares. Se considerarmos a média de 2 leitores por exemplar, atingiremos o número de 9 319 000 pessoas[7]. Para José Bonifácio de Oliveira Sobrinho, diretor de programação da Rede Globo, "com sua linguagem objetiva, o *Jornal Nacional* atrai tanto quem gosta de notícia como quem gosta de novela"[8].

Apesar destes números e da tão grande aceitação popular, o telejornalismo tem sido escassamente analisado, tanto na produção literária quanto na investigação acadêmica com fins didáticos.

Entretanto, é evidente a constatação do contínuo e crescente aumento do espaço e quantidade de programas telejornalísticos que as emissoras têm colocado na sua programação. Além das várias conseqüências que isto pode acarretar, uma constatação salta aos nossos olhos: a maior oferta de oportunidades de emprego aos jornalistas recém-saídos das faculdades. Em contrapartida, uma triste realidade: as escolas de jornalismo, na sua maioria quase absoluta, não têm demonstrado interesse em aprofundar a teoria e muito menos a prática do uso da expressão eletrônica de forma adequada e atualizada aos dias atuais. Queremos dizer que os cursos superiores de jornalismo não têm se preocupado em fornecer ao estudante-jornalista uma formação suficiente para que ele possa competir em condições de igualdade com outros profissionais no campo do jornalismo eletrônico.

7. *Almanaque Abril'87*, Editora Abril, São Paulo, 1987, p. 657.
8. "Vitória da notícia", *Veja*, São Paulo, 05.09.84, p. 51.

A privatização do ensino superior e o desestímulo às pesquisas, somados às cassações de professores e à incompreensível retenção de verbas para as faculdades públicas, criaram uma situação extremamente delicada quanto à formação dos estudantes universitários, no sentido geral, e dos jornalistas, no sentido restrito. Muitas escolas de jornalismo foram oferecidas ou conquistadas por pessoas próximas do poder político, que não tinham, nas suas intenções, interesse mínimo na melhoria do nível dos cursos, no investimento em pesquisas e muito menos na criação de laboratórios para a prática dos alunos. Com um indesejável agravante: estes "capitalistas do ensino" raramente concordavam em pagar razoavelmente o trabalho, a experiência e a dedicação dos professores que, justamente por isso, são muitas vezes selecionados entre os inexperientes ex-alunos da própria escola. Estes jornalistas sem experiência e professores sem motivação didática vêem no cargo de professor universitário somente uma forma de ascensão social e são, na maioria, desprovidos de qualquer preocupação quanto à devida formação acadêmica e profissional dos cidadãos a que eles têm acesso.

Não temos a pretensão de abarcar todos os problemas pedagógicos e didáticos do ensino de telejornalismo. Desejamos, entretanto, esclarecer alguns pontos fortemente desatualizados da pequena bibliografia existente e apresentar uma alternativa com objetivos claramente didáticos e profissionalizantes da apreensão, do domínio e difusão de notícias neste importante segmento da comunicação social que é o telejornal.

Por último, gostaríamos de apresentar uma observação: o ensino de telejornalismo não é nem deveria ser visto de modo diferente do de medicina, se pudermos citar como exemplo uma carreira profissional qualquer. Paralelamente ao aprendizado teórico, o estudante de medicina necessita vivenciar a parte prática, que é onde vai poder aprofundar o conhecimento adquirido e aprender a dominar o instrumental próprio ao exercício da profissão. No estudo da medicina a parte prática é vivenciada pelo aluno através de período de residência em hospitais e ambulatórios. Estes são os locais onde vai aprofundar o conhecimento teórico na sua real dimensão e vai poder aplicar, na presença do "problema", todos os ensinamentos teóricos adquiridos. Para isso, ele vai ter que fornecer respostas imediatas e precisas, podendo salvar ou não a vida do paciente. É óbvio que eles não experimentam a parte prática sozinhos, e estão sempre acompanhados pelos professores das áreas específicas.

No caso do telejornalismo, a situação não é tão delicada como na medicina, mas tem a sua real e particular importância. O conhecimento e a vivência prática da realidade na produção de notícias e na realização de reportagens assumem papel tão relevante como no ensino exercitado nos hospitais. Para o telejornalista, a prática da redação, da produção de entrevistas, reportagens e edição, usando equipamentos eletrônicos que captem imagens e sons do repórter e dos entrevistados, bem como da apresentação de notícias, é fundamental para a formação deste futuro profissional.

Esperamos, com o presente trabalho, estar de alguma forma esclarecendo os pontos nebulosos dessa forma de expressão e ajudando na melhoria do ensino de telejornalismo. Isto tendo em vista a melhor formação dos estudantes que, em algum momento, podem disputar esse segmento do mercado.

A nossa intenção básica é a de que este trabalho possa servir como referencial didático sobre como escrever, entrevistar, editar e apresentar notícias na televisão.

TELEVISÃO: CINEMA + FOTOGRAFIA + TEATRO + LITERATURA...

> "Os pedaços de película devem se relacionar um ao outro, assim como as palavras precisam ter certa relação."
>
> Serguei M. Eisenstein
> (cineasta soviético - 1898-1948)

O atual estado da arte da televisão não deve ser entendido isoladamente dos outros meios de comunicação descobertos e desenvolvidos pelo homem. A televisão, um dos mais recentes processos de comunicação que surgiram para ajudar o homem no conhecimento do mundo e para seu entretenimento, utiliza muitos princípios e técnicas dos meios de comunicação já existentes no momento de seu nascimento. A forma de expressão, a linguagem e os recursos empregados pela televisão na produção dos programas não apareceram com a sua descoberta. Mas, sim, a partir das conquistas e aperfeiçoamentos de outros meios, como por exemplo: a literatura, o teatro, a música e, sobretudo, o cinema e a fotografia.

Como dizia Marshall McLuhan no livro *Understanding media:* "À exceção da luz, todos os meios andam aos pares, um atuando como conteúdo do outro..." Para Cláudio Mello e Souza, o pensador canadense defende a tese de que "o conteúdo de um veículo é o veículo anterior", ou melhor: "o conteúdo de um filme é um romance, uma peça de teatro ou uma ópera". Concordamos com a premissa apresentada por McLuhan, entendendo que "o conteúdo da televisão é o cinema"[1].

A expressão cinética de que se vale hoje a televisão é conseqüência natural e imediata da expressão cinética descoberta e aperfeiçoada pelo cinema. Foi o cinema o primeiro meio de comunicação que se utilizou do movimento como forma de expressão coletiva. Como a televisão, o cinema também tem um antecessor: a fotografia, uma descoberta do início do século XIX.

É fundamental o entendimento histórico e formal desses dois suportes de comunicação para podermos apreender o estado da arte televisiva como recurso da expressão. Torna-se importante o conhecimento de como esses dois meios, a fotografia e o cinema, surgiram e evoluíram para entender as potencialidades da televisão como forma de divulgação de informações, cultura e entretenimento.

Nesse sentido, devemos entender a fotografia como a mecanização da arte de captar imagens. Já que sabemos que também a fotografia tem seu antecessor: a pintura. Para Eduardo Neiva Filho, os antecessores da fotografia são "a silhueta e o fisionotraço"[2].

A FOTOGRAFIA

A tentativa de reter uma imagem em algum suporte é muito antiga, e durante muito tempo pesquisadores tentaram captá-la, sem êxito. Isso ocorreu, por exemplo, na China, exatamente há 2 400 anos atrás, no século V a.C. Consta que naquela época o cientista chinês Mo Tzu tenha exposto as teorias da propagação da luz em linha reta. E também as leis da reflexão dos raios luminosos, da formação de imagem invertida, quando a luz passa através de orifício muito pequeno, além das relações dos objetos com suas ima-

---

1. MELLO E SOUZA, C. *Quinze anos de história* — *JN*, p. 44.
2. NEIVA FILHO, Eduardo. *A imagem*, p. 61.

gens, quando estas são refletidas por espelhos planos, convexos ou côncavos[3].

Uma das pessoas que seguramente mais contribuíram para a descoberta dos princípios que regem a arte e a técnica fotográfica foi Leonardo Da Vinci. No século XV, Leonardo revelou que, se fizermos um pequeno orifício na fachada de um edifício situado à sombra, todos os objetos iluminados pelo sol transmitirão a sua imagem através do orifício e serão visíveis invertidos dentro do edifício, numa parede que deverá ser branca. Longe ainda da descoberta da fotografia como técnica, Leonardo da Vinci expôs um princípio que, se não teve relação direta com a fotografia, ajudou muito os pintores e retratistas da época.

Em 1550, o matemático italiano Jerome Cardano adaptou uma lente de vidro ao orifício de uma câmara escura, como também propusera Da Vinci. Com isso, aumentou consideravelmente a luminosidade e a nitidez das imagens refletidas na parede oposta. Este procedimento foi analisado na obra *Magia natural*, do italiano Battista della Porta, em 1558[4].

Na época era comum que reis, duques, burgueses e grandes proprietários quisessem ser retratados individualmente ou ainda com seus familiares. Iam até os campos para passear e ser documentados pelos artistas. Podemos imaginar as dificuldades e contratempos por que passavam todos, tanto pintores como retratados. As pessoas que iam ser imortalizadas tinham que ficar longos e intermináveis períodos imóveis, para que os pintores pudessem captá-las. Com o princípio descoberto por Leonardo e aperfeiçoado por Cardano, tudo ficava mais simples. Bastava somente carregar para o local uma grande estrutura, do tamanho aproximado de um quarto, e montar tudo. Com esta técnica, o tempo de imobilidade foi drasticamente reduzido, e as obras ficaram muito mais fiéis ao original. A câmara escura estava descoberta.

3. GHIUGHI, Alberto. *Fotografia*, apostila, p. 2.
4. *Teoria da imagem*, p. 101.

Faltava somente a descoberta de uma solução química que gravasse as imagens a serem reproduzidas. Sem a mão do homem. No dia 12 de junho de 1820 o cientista e pesquisador francês Nicéphore Nièpce consegue a primeira fotografia do mundo. Era a *Mesa posta*, e levou várias horas para ser gravada[5].
Para nosso intento bastam estes fatos, que são introdutórios à arte da fotografia e sua expressão. A expressão fotográfica estava solidificada. Mas o espírito humano queria mais. Procurava dominar a expressão com o movimento das imagens. John Howard Lawson afirma que a idéia de projetar imagens em movimento "remonta a muitos séculos atrás"[6]. Um certo Athanasius Kirchner inventou uma lanterna mágica e chamou-a de "Magia Catróptica". Simon Titer von Stampfer demonstrou o estroboscópio. O inglês William George Harner construiu uma máquina e a chamou de "dédalo", ou "roda-do-diabo".
Eram máquinas que, a partir da sucessão de imagens, tentavam reproduzir os movimentos humanos e dos animais. Para Lawson, o princípio fundamenta-se na comunicação que se estabelece entre o olho humano e o cérebro. Ao transmitir o que vê, "o olho retém cada imagem pela fração de 1/20 a 1/10 de segundo, o bastante para que ela se funda com a imagem seguinte"[7].
Dissemos que foi Nièpce quem descobriu e obteve a primeira fotografia. Só que, na ocasião, ele não conseguiu fixar a imagem captada, que desapareceu em alguns dias. Somente 17 anos depois da descoberta de Nièpce é que foi descoberta a fotografia como a conhecemos hoje. Em 1839 o também francês Louis Daguerre capta e fixa a primeira imagem de um objeto. Este fato é importante para a história e arte cinematográfica, pois a definitiva descoberta da técnica fotográfica veio dar impulso ao incipiente meio de ex-

---

5. NEIVA FILHO, E., ob. cit., p. 62.
6. LAWSON, J. H. *O processo da criação no cinema*, p. 16.
7. Idem, p. 16.

TELEVISÃO: CINEMA + FOTOGRAFIA + TEATRO ... 23

pressão que então dava seus primeiros passos.

O cinema, tal como hoje o conhecemos, nasceu em Paris no dia 28 de dezembro de 1895, no subsolo de um bar: o Grand Café, no Boulevard des Capucines. Os irmãos Auguste e Louis Lumière, naquela noite, fizeram as primeiras projeções públicas do que chamaram na ocasião "fotografias animadas". Eles utilizavam uma máquina que tinham descoberto e que chamaram "cinematógrafo". Mas como funcionava essa máquina? Uma estranha e demorada disputa foi que, sem querer, facilitou as coisas. Recorramos novamente à história.

Em 1872, o governador do Estado da Califórnia, nos EUA, estava interessado em provar que quando um cavalo galopa, fica com as quatro patas fora do chão, ao mesmo tempo. Convidou então, um fotógrafo da cidade de San Francisco, de nome Eadweard Muybridge, para tirar a dúvida, já que ninguém conseguia provar nada[8]. Lembramos a teoria de que o olho humano demora para esquecer uma imagem aproximadamente 1/10 de segundo, e que é impossível à mente humana perceber as imagens das patas de um cavalo a galope, separadamente, dada a velocidade delas.

No início, Muybridge usou uma única e pesada câmara. Depois de muitas tentativas, descobriu que uma câmara não resolvia a questão, já que as imagens resultavam confusas para provar o que intentava. Chapa após chapa, ele captou ora somente a cabeça do animal, ora a cauda, ora só uma pata fora do chão, e assim por diante. Resolveu aumentar gradativamente o número de câmaras, e, cinco anos mais tarde, chegou a 24. Com isto, conseguiu finalmente resolver a dúvida e provar que, realmente, quando galopa, o cavalo fica com as quatro patas fora do chão!!

Eadweard Muybridge resolveu a questão, mas não percebeu que tinha descoberto o princípio técnico do cinema. Por dois motivos: porque não percebeu as possibilidades da descoberta que tinha feito, e porque as

8. Idem, p. 17.

imagens eram ainda gravadas em negativos com suporte de vidro.
Somente em 1887 é que foi descoberto o celulóide, por H. W. Goodwin. Esta invenção foi fundamental para a história do cinema. W. K. Dickson descobriu a fórmula de passar a película de celulóide pelo interior da câmara, e muitos pesquisadores trabalharam duro para descobrir como projetar as imagens em uma tela.

O CINEMA

A palavra cinema origina-se do grego *kinema*, que quer dizer "movimento". Os inventores da nova arte e os primeiros cineastas se preocupavam apenas com a reprodução física do movimento. Eles pressupunham que a câmara deveria permanecer parada. Só deveriam captar imagens com movimentos internos às imagens captadas. Só os objetos contidos dentro das imagens é que deveriam se movimentar. A constatação, aparentemente simples, de que a câmara poderia ser deslocada, veio por acaso. O vendedor Alexandre Promio demonstrava, na cidade de Veneza, dentro de uma gôndola, a recente descoberta dos irmãos Lumière, e filmava os prédios ao longo do itinerário do barco. Descobriu, sem perceber, a importância que viria a ter mais tarde o travelling. Este é um dos movimentos mais importantes da arte cinematográfica. A câmara podia se locomover, sair do lugar, captar cenas em várias posições. Começava aí a descoberta de uma linguagem própria ao cinema.

O primeiro grande criador de uma forma e de uma arte cinematográfica foi Georges Méliès. Também francês, da capital, estivera presente à primeira demonstração dos irmãos Lumière. Pintor, caricaturista, rico herdeiro que tinha paixão pela mágica, era proprietário e gerente do Teatro Robert Houdin. Ele se interessou de imediato por aquele "instrumento de magia", que era então a câmara cinematográfica, e passou a fazer muitas experiências com ela. À procura de um novo truque, Méliès fotografa uma imagem sobre a outra, já exposta. Com isso, descobre a superposição de imagens. Experimentou aumentar e diminuir a velocidade da câmara e descobriu os efeitos oníricos da câmara lenta e do fast motion. Continuou pesquisando e procurando novas formas de expressão. Descobriu a fusão, o clareamento e o escurecimento como meios de realizar transições de uma cena para outra.

Méliès foi o primeiro cineasta que tentou dominar o novo meio artístico que engatinhava naquela época. Ele descobriu que o cinema era uma nova maneira de ver, de interpretar, assim como de deturpar a realidade, de acordo com a vontade do criador.

Impressionado com o "Affaire Dreyfus" e compreendendo seu significado político, realizou um filme que narrava a história em doze cenas, com treze rolos de filme de 18 metros e com duração total de 15 minutos. Méliès foi ainda o precursor do cinema de ficção, com filmes sobre a viagem à Lua e a filmagem do clássico *Vinte mil léguas submarinas*. Depois de importantíssima produção, e de ter esgotado toda a fortuna da família, foi encontrado, em 1928, vendendo fumo e balas numa barraca na Estação Montparnasse, em Paris. Morreu em 1938, sem um vintém no bolso.

Um outro francês, Charles Pathé, filho de pequeno comerciante de Vincennes, periferia de Paris, se interessa pelo cinema e funda uma empresa que mais tarde vai se tornar muito importante para o cinema. A empresa tinha estúdios de gravação, fábrica de películas, venda e aluguel de filmes e um jornal de atualidades. Esse jornal, o *Journal Pathé*, foi a primeira manifestação do que será mais tarde chamado de imprensa filmada. Isto tudo em 1908.

A nova arte se espalha pelo mundo inteiro. Artistas, pesquisadores, técnicos e comerciantes vão à França e levam para seus países aparelhos de cinema, películas virgens, filmes já rodados, e se preparam para a venda de equipamentos, a produção de filmes regionais e a divulgação da nova arte.

Na Inglaterra, já em 1896, os britânicos começam a produzir filmes de atualidades, documentários, filmes de viagens e reportagens, trucagens, comédias e dramas.

Nos Estados Unidos da América é intensa a produção, e surgem importantes diretores. Edwin S. Porter, Mack Sennett e D. W. Griffith. Na União Soviética, surgem em 1919 os artigos que difundiam as idéias de Dziga Vertov. Num manifesto que tinha como título "Por um cinema não interpretado", Vertov lutava contra o filme de ficção. Um segundo artigo propunha o cinema-documento. Este manifesto rejeitava toda imagem que não tivesse sido feita ao vivo. Era o "cinema-verdade", que mais tarde será chamado de "cinema-olho". D. Vertov via na câmara uma "possibilidade de tornar visível o invisível, de iluminar a obscuridade, de revelar o escondido". Filmou e selecionou cenas da vida cotidiana do povo soviético recém-saído da revolução bolchevique de 1917, proclamando um cinema de testemunho imparcial do fato social, do comportamento do homem e do grupo. Para ele, o cinema-olho ou cinema-verdade significava "autenticidade de fatos"[9]. Não admitia que o cinema pudesse ser usado para deturpar a realidade. Os filmes do cinema-verdade (*kino-pravda*) são vistos hoje como material de doutrinação ideológica. Por mais impessoal que seja a técnica de filmagem de qualquer documentário, a própria morfologia do cinema — arte de fragmentação e seleção —, logo, do ponto de vista de alguém sobre o mundo, impossibilita o genuíno realismo da imagem filmada.

Ainda na União Soviética surge o talento de Serguei M. Eisenstein. Depois de modesto início de carreira, realiza *A greve* e *O encouraçado Potemkin*. É importante lembrar que o cinema ainda não tinha som. Somente em 1905 se patenteia o primeiro estudo do que poderia ser o cinema falado. É O. Messter, na Alemanha, quem consegue os primeiros resultados satis-

---

9. DZIGA, V. *Articles, journaux, projets*, p. 51.

fatórios na captação do som para o cinema. Algumas datas são importantes para a história do cinema. Citamos algumas delas:
— Em 1912 surgem na França os primeiros filmes em cores, produzidos por Leon Gaumont. No mesmo ano, na Itália, é filmado *Quo vadis*, o primeiro filme de grande espetáculo. Nos Estados Unidos da América, Sarah Bernhardt interpreta *Rainha Elizabeth*, e surge a Paramount Pictures, de A. Zukor.
— Em 1919 D. Fairbanks funda, com Charles Chaplin, Griffith e Mary Pickford, a United Artists, nos EUA.
— Em 1926 é apresentado nos EUA o filme *Don Juan*, de A. Crosland. Trata-se do primeiro filme sonorizado, pelo processo Vitaphone, recentemente descoberto.
— Em 1926 é apresentado o filme *The jazz singer*, a primeira película falada e cantada.

Depois desta breve revisão histórica do cinema, torna-se necessário classificar os produtos cinematográficos. Os filmes podem ser divididos em duas grandes correntes de produção, de acordo com o conteúdo artístico que apresentem:

Filmes de ficção

É o tipo mais produzido e difundido pelo cinema, que tem no entretenimento, na magia, no extraordinário, no melodramático e no futurismo o seu principal argumento. São os responsáveis pelas maiores bilheterias e fazem as glórias de Hollywood, nos EUA.

Filmes documentários

O termo documentário surgiu em 1926 quando o inglês John Grierson, em crônica para *The New York Sun*, utilizou a palavra pela primeira vez ao analisar o filme *Moana*, de R. Flaherty, sobre a vida dos polinésios.
Para John Howard Lawson, o cinema documentário é um gênero tão amplo que se torna quase impos-

sível defini-lo. Pode abarcar "tudo o que existe na terra, nos céus e nas profundezas do mar"[10]. Mas o próprio Lawson cita o cronista inglês J. Grierson, para quem documentário é o "tratamento criador da realidade"[11].

Na tentativa de encaminhar didaticamente este trabalho, propomos uma divisão básica para o gênero documentário:

a) Cinejornais

É o jornalismo cinematográfico. Surgiu com o primeiro *Pathé-Journal*, na França, em 1908. Esse primeiro cinejornal teve como palco de experimentação a Segunda Guerra Mundial. Era muito grande, difícil e penoso o trabalho dos cinegrafistas da época na tentativa de documentar o que estava acontecendo no *front*. Os equipamentos eram pesados, enormes e desajeitados, além de excessivamente frágeis.

Para Lawson, "uma reportagem pode deturpar os acontecimentos reais, e a narração desvirtuar o significado dos fatos mostrados na tela"[12]. Foi exatamente o que aconteceu com o cinejornal norte-americano *The Fox Movietone News*, que surgiu em 1928, produzido em Hollywood e patrocinado pelo grupo Time-Life. Era chamado *A Marcha dos Tempos*. Esse cinejornal tinha um locutor de voz autoritária, W. van Vohdis, que dava às cenas uma ilusória impressão de veracidade, quando de fato elas eram produto da dramatização da locução e tinham forte direcionamento ideológico na montagem. Para Lawson, "o documentário apresenta freqüentemente uma estrutura de enredo: a ação pode ser fictícia, encenada e muitas vezes representada por atores profissionais"[13].

---

10. LAWSON, J. H., ob. cit.
11. Idem.
12. Idem, p. 322.
13. Idem, p. 322.

TELEVISÃO: CINEMA + FOTOGRAFIA + TEATRO ... 29

b) *Ideológicos*

Na década de 30, surgiram os documentários de intenções marcadamente ideológicas. Muitos filmes documentários foram produzidos, mas dois deles se destacaram: *The plow that's broke the plain* e *The river*. Os dois foram encomendados pelo presidente dos EUA, T. Roosevelt, ao cineasta Pare Lorenz. Eram filmes destinados a veicular as reformas sociais do New Deal. A característica básica desse tipo de documentário é o seu espírito de emoção e tensão.

c) *Propaganda*

A Segunda Guerra Mundial fez proliferar o documentário de propaganda ideológica. Os alemães, sob inspiração de Joseph Goebbels, se mostraram mestres em manipular fragmentos filmados como arma eficaz de persuasão e de distorsão dos fatos. A cineasta Leni Riefenstahl tornou-se especialista na produção desse tipo de filme. Ela produziu *Triunfo da vontade*, em 1934. O filme é baseado na Primeira Conferência do Partido Nazista, na cidade de Nuremberg. Ela também realizou o filme *Jogos Olímpicos*, em 1938. Nos dois casos, os alemães conduziram as cenas para a venda dos ideais nazistas.

Os norte-americanos não ficaram atrás, e produziram muitos filmes. Para John Howard Lawson, o "documentário encaminha a câmara-olho à guerra e à destruição, à pobreza e ao sofrimento, à tortura do corpo e à degradação do espírito"[14]. Os militares americanos encomendaram ao diretor John Huston um documentário sobre a Segunda Guerra Mundial. Ele realizou *San Pietro*, sobre a ação das forças armadas americanas na Itália. Huston esteve realmente no palco das ações e captou imagens e depoimentos que chocaram os homens do Pentágono. Lawson afirma que

14. LAWSON, J. H., ob. cit., p. 326.

"o filme jamais foi exibido comercialmente, e que a versão final mostra um filme patriótico, vazio, cortado, aguado, manipulado, empacotado. Começa com o general Mark Clark lendo numa lousa colocada à direita de uma câmara de estúdio num lugar qualquer"[15]. A montagem final que foi mostrada ao público nada tinha a ver com a realidade e nem com as intenções iniciais do diretor. Naquela época, o diretor de cinema soviético Serguei Eisenstein já creditava importância fundamental à montagem dos filmes. Para ele, "a justaposição de duas cenas distintas, interligando-as, não significa apenas a simples soma de duas cenas, e sim um ato de criação"[16].

Um dos maiores cineastas brasileiros, Alberto Cavalcanti, afirmou certa ocasião que:

"Se me pedissem que resumisse em poucas linhas as normas de conduta que os realizadores de documentários no Brasil devem seguir, repetiria, ainda hoje, aquelas que, baseado na própria experiência, remeti aos jovens diretores dinamarqueses no ano de 1948:

1. Não se afaste do princípio segundo o qual existem três elementos principais: o social, o poético e o técnico.
2. Não esqueça que a mais bonita das tomadas fora do lugar apropriado é pior que a mais bonita delas.
3. Não invente ângulos de câmara quando não forem necessários.
4. Não hesite em tratar temas humanos e relações humanas: eles são tão belos quanto os outros animais, uma paisagem ou uma máquina.
5. Não seja confuso no seu argumento: um assunto verídico deve ser contado clara e simplesmente.
6. Não perca a oportunidade de experimentar. O

15. Idem, p. 327.
16. Idem, p. 232.

prestígio do documentário só foi conseguido pela experimentação. Sem experimentação, o documentário perde o seu valor e deixa de existir.
7. Não trate de assuntos generalizados. *Você pode escrever um artigo sobre os Correios, mas deverá fazer um filme sobre uma carta*"[17].

Estes argumentos formam a estrutura básica da proposta cinematográfica. O que nos parece importante é ressaltar, valorizar e desvendar as dimensões da experiência humana. O diretor Bela Balaz afirmou certa ocasião que "o filme é a arte de ver. Ainda que seu realismo seja, por vezes, uma fuga da realidade, o realismo, em última análise, é sempre revolucionário. Na luta pela verdade, mostrar os dados é sempre a arma decisiva. Na luta em defesa do homem, a melhor propaganda consiste em mostrar o homem"[18].

Nesta linha, John Howard Lawson cita o diretor norte-americano Ron Rice, que em artigo na revista *Film Culture*, em 1962, sentenciou que o "bêbado que tenta desarrolhar uma garrafa de vinho numa ruazinha emociona mais do que qualquer seqüência lógica de acontecimentos encenados, que não possuem a fibra da vida". Para Ron Rice, "é melhor filmar tudo o que é vivo e real do que idéias a respeito daquilo que poderia ou deveria ser real". E Lawson completa o raciocínio dizendo que a "câmara pode apenas registrar a insegurança da condição humana: o fotógrafo ideal (...) assemelha-se ao espelho imparcial; ele é idêntico à objetiva da câmara"[19].

Até a década de 60 os documentaristas operavam com equipamentos pesados, complexos e onerosos. Eram câmaras movidas a gerador ou com corda manual, películas de baixa sensibilidade e complicados engenhos para a captação do som. As câmaras 16mm

---

17. CAVALCANTI, A. *Filme e realidade*, Artenova, Rio de Janeiro, pp. 61-82.
18. LAWSON, J. H., ob. cit., p. 328.
19. Idem, pp. 328-329.

e os aparelhos sonoros foram aperfeiçoados, e somente diminuíram no peso e tamanho após as duras provas da Segunda Guerra Mundial. Em 1948 foi anunciada a invenção do aparelho magnético para a captação de sons. Em seguida, com as constantes inovações, foi descoberto o transístor, que tornou possível a fabricação de aparelhos portáteis de sonorização e captação de sons. Em 1958 surge na Suíça o até hoje imbatível gravador de áudio da marca Nagra, que eliminou definitivamente a demorada sincronização de sons no laboratório.

A TELEVISÃO

A história da televisão revela muitas coisas interessantes. Na tentativa de achar o melhor nome para significar a transmissão de imagens sem fio e à distância, os cientistas a batizaram três vezes, até achar o nome pelo qual a conhecemos hoje: radiovisão, vídeo e finalmente televisão[20].

A descoberta da televisão como veículo de comunicação remonta ao início do século passado, e tem relação direta com a descoberta do selênio. Em 1817 o químico sueco Jacob Berzelius descobriu um novo elemento químico que tinha a capacidade especial de desprender elétrons quando em presença da luz, tanto mais quanto maior a intensidade da luz[21].

Cinqüenta e seis anos mais tarde, um modesto telegrafista irlandês de nome Willougeby Smith May percebeu o efeito fotoelétrico do selênio e realizou as primeiras investigações que levariam os cientistas alemães Julius Elster e Hans Geitel a produzirem a célula fotoelétrica.

Mas é o alemão Paul Nipkow, natural da Pomerânia, que vai patentear o primeiro equipamento de televisão capaz de transmitir imagens à distância. Ele

20. RUÍZ, Anibal. El mundo de la TV, p. 27.
21. SAMPAIO, M. F. História da televisão e rádio no Brasil e no mundo, p. 185.

TELEVISÃO: CINEMA + FOTOGRAFIA + TEATRO ... 33

produziu um disco cheio de pequenas perfurações, montado de forma que, girando em alta velocidade, pudesse projetar a grandes distâncias a imagem de uma pequena cruz[22]. Os pequenos buracos estavam dispostos em forma espiral e colocados na frente de um cristal de selênio[23]. No livro *História da televisão e rádio no Brasil e no mundo*, o autor Mário Ferraz Sampaio indica que, girando o disco rapidamente, a luz correspondente a cada partícula da imagem focalizada produziria no selênio diferentes impulsos elétricos que seriam amplificados e enviados por um fio até um aparelho receptor, onde outro disco igual ao primeiro, girando na mesma velocidade, faria a recuperação da imagem de modo inverso. Era a solução de ordem mecânica, e implicava o uso de fio condutor[24].

Em 1923 o russo nacionalizado norte-americano Wladimir Kosma Zworykin patenteia um tipo especial de tubo, que chama de "iconoscópio". O tubo de Zworykin permite eliminar o processo mecânico de Nipkow[25]. Mas é o cientista escocês John Logie Baird que, em 1925, na procura da forma de transmissão de fotos e desenhos pelo rádio, descobre a televisão. Ele consegue transmitir a imagem de um amigo, William Taynton, de sua casa à do vizinho. O amigo é considerado a primeira pessoa televisada ao vivo da história da televisão[26].

O historiador Mário Ferraz Sampaio afirma que quem deu o passo definitivo na descoberta da televisão foi o russo Zworykin, e coloca as descobertas de Baird em segundo plano: "o aparelho de Baird, com transmissor e receptor de TV, possibilitou a transmissão e reprodução de imagens nítidas, mas a sintonia do mesmo era muito difícil"[27].

Contrapondo, Anibal Arias Ruíz valoriza a pessoa

22. RUÍZ, Anibal, ob. cit., p. 29.
23. SAMPAIO., M. F., ob. cit., p. 187.
24. Idem, p. 187.
25. RUIZ, Anibal, ob. cit., p. 30.
26. Idem, p. 33.
27. SAMPAIO, M. F., ob. cit., p. 190.

e as pesquisas realizadas por Baird. Afirma que foi ele que em fevereiro de 1928 realizou a primeira transmissão de televisão transatlântica, ligando a estação inglesa de Coulsdon à de Hartsdale, no Estados Unidos. Ruíz afirma também que foi Baird quem primeiro realizou experiências com a televisão em cores, a partir da exploração das imagens com luz vermelha, verde e azul, princípios que regem a televisão colorida até hoje[28].

No dia 31 de março de 1930, a BBC de Londres conseguiu realizar a primeira transmissão de um programa de televisão no mundo. Outros países da Europa vieram em seguida. Na França, René Bartelemy faz, anos depois, a primeira demonstração pública de televisão[29]. Em 1935 é a vez da Alemanha. A coroação do Rei Jorge VI da Grã-Bretanha, em 1936, consolidou definitivamente o prestígio da televisão inglesa.

Uma outra reportagem, esta nos EUA, apresentando o discurso do presidente F. D. Roosevelt na Feira de Amostras de Nova York, marcou a decidida entrada dos americanos na nova era da comunicação, a eletrônica. Entretanto, a chegada da Segunda Guerra Mundial cortou radicalmente as experiências e o avanço das transmissões televisivas, e todas as pesquisas com o veículo foram voltadas para a área militar. As transmissões foram interrompidas em quase todos os países envolvidos no conflito, só ficando fora desta regra a Alemanha e os Estados Unidos. E é justamente nos Estados Unidos que a televisão vai alcançar seus maiores êxitos, com o fim da guerra. Fraser Bond cita a cobertura dos inquéritos da Comissão do Senado dos EUA, em março de 1951, para quem "a cobertura marcou época no desenvolvimento do noticiarismo da TV"[30]. Para Bond, com a chegada da televisão, passava-se do "salão de convenção para a sala privada do comitê, dando aos fascinados milhões que

---

28. RUÍZ, Anibal, ob. cit., pp. 34-35.
29. Idem, p. 37.
30. BOND, F., *Introdução ao jornalismo*, p. 292.

TELEVISÃO: CINEMA + FOTOGRAFIA + TEATRO... 35

a observavam e escutavam a impressão de real participação na vida política do seu país"[31].

No Brasil, a televisão chegou pelas mãos de Francisco Assis Chateaubriand Bandeira de Melo. No geral, a maioria dos historiadores concorda que a data oficial da inauguração das transmissões de televisão no país foi o dia 18 de setembro de 1950. Mas existem vozes discordantes. Uma delas é a do cinegrafista Paulo Salomão que, em depoimento à jornalista Liba Frydman, afirmou que a data oficial correta é 10 de setembro do mesmo ano, quando o bispo D. Carmelo Vasconcelos Mota abençoou os estúdios e equipamentos da PRF-3-TV Tupi de São Paulo[32].

Cláudio Mello e Souza apresenta ainda o depoimento de Alceu N. Fonseca, publicado nos Estados Unidos, em 1951, na revista *Television*. Fonseca revelou que a data da primeira transmissão de televisão no Brasil foi dois anos antes da data aceita pela maioria dos historiadores. Ele afirma que em 29 de setembro de 1948, com a direção dele, a Rádio Industrial de Juiz de Fora passou a transmitir programas de televisão. Apresentou, para comprovar o que falava, fotos e documentos da época. Mello e Souza ressalta porém que Fonseca não faz referência ao número de aparelhos de recepção que existiam na cidade no momento da transmissão[33].

Desde seu descobrimento, a televisão tem recebido muitas críticas e ataques nem sempre justificados dos críticos e da parte dos profissionais de outros veículos. F. Fraser Bond revela que "a TV enfrentou uma série de ameaças à sua independência tendo saído triunfante da luta, como membro aceito da imprensa"[34]. Como inequívoco meio de comunicação de massa, por sua capacidade de atingir públicos inimagináveis pelos outros veículos, a televisão recebeu do jor-

31. Idem, p. 293.
32. Revista *Briefing*, n? 25, São Paulo, 1980, p. 27.
33. MELLO E SOUZA, C., *Quinze anos de história — JN*, p. 33.
34. BOND, F., ob. cit., p. 293.

nalista Paulo Fancis a sentença de que "na televisão se representam estereótipos que o público possa logo identificar sem o menor esforço mental"[35].

Pode-se aceitar o "menor esforço mental" exigido dos telespectadores se compararmos a televisão, por exemplo, com a literatura, que, por suas características, exige maior concentração dos leitores. Mas é inegável o papel da televisão como dinamizador cultural, formador de opinião, difusor do conhecimento e, obviamente, de entretenimento. Com relação à função da televisão na sociedade e sua importância para as pessoas, o jornalista Roberto Drummond, no mesmo jornal de Francis, rebate, categórico: "No que a mãe Globo transformou a minha filha? Transformou-a, para minha alegria, numa pequena guerrilheira urbana, que condena a invasão de Granada; também a do Afeganistão; que não gosta de Ronald Reagan; que é contra a política do Delfim Neto; que quer irrigar o Nordeste..." E mais à frente, citando entrevista com Frei Beto: "As novelas da Globo e os anúncios na televisão acabaram com todo o conformismo do povo brasileiro, incutido nele pela Igreja Católica desde a descoberta do novo mundo"[36].

Mas o que faz com que a televisão receba tantas críticas? Pode-se afirmar que é pela capacidade inovadora que ela traz consigo quanto à abrangência da sua ação. É necessário ainda ponderar que ela requer dos profissionais uma mudança de atitude, nem sempre aceita pelos mais conservadores. Ela é um veículo de massa. E justamente por isso não pode ser vista com olhos "elitistas". Deve ser criticada como se deve criticar qualquer outro produto cultural da sociedade.

Para quem trabalha com televisão é comum reconhecer uma situação nacional que, no caso da televisão, se tornou muito mais delicada: a improvisação.

---

35. FRANCIS, Paulo. *Folha de S. Paulo*, 21.05.87.
36. DRUMOND, Roberto. "Os filhos da televisão", *Folha de S. Paulo*, 16.11.83, p. 30.

A improvisação e o "jeitinho brasileiro" sempre predominaram na estrutura da maioria das emissoras de televisão do país. Haja vista que, por falta de condições técnicas, de seriedade e de respeito ao público, a primeira reportagem produzida para a televisão brasileira não foi ao ar. É o que afirma Cláudio Mello e Souza quando lembra a história do primeiro telejornal da televisão brasileira. Ele revela que a reportagem foi produzida por três técnicos que "trabalhavam em um laboratório precariamente instalado na casa de um deles, à Rua Coimbra, 570"[37]. Fora a dificuldade técnica que podemos imaginar, contornada pela "garra profissional" dos técnicos, o telejornal ainda não contava com a mínima estrutura de apoio para a produção das matérias. Nesta primeira reportagem eles se dirigiram ao Aeroporto de Congonhas; porém, a demonstração de paraquedistas que iriam documentar estava programada para o Aeroporto de Viracopos. É possível avaliar a decepção dos técnicos com a realidade que enfrentaram naquele momento. Com alguma variação, esta é a realidade enfrentada ainda hoje em muitas emissoras do país.

---

37. MELLO E SOUZA, C., ob. cit., p. 36.

A EMISSORA: ESTRUTURA DE PRODUÇÃO

A emissora de televisão é uma empresa como outra qualquer. Como as empresas que produzem materiais e bens de consumo, é constituída de vários departamentos, como Administração, Produção, Compras, Pessoal, Expedição, Planejamento, Controle, Arquivo, Acabamento e Vendas.

É importante lembrar que uma empresa de televisão não é constituída unicamente pelo Departamento de Jornalismo. Há pessoas que se chocam quando tomam conhecimento do esquema de planejamento, produção e difusão característicos às empresas de televisão e da sua aparente complexidade. Mas o processo não é inexplicável nem complexo, e sua compreensão depende somente de que se tenha visão abrangente do sistema de planejamento e produção televisivo.

Varia muito a forma como estão estruturadas as emissoras. Vamos traçar um organograma que espelhe a base da maioria das emissoras[1].

1. Baseamo-nos na experiência e observação profissional apreendidas nas emissoras nas quais trabalhamos.

ADMINISTRAÇÃO

É seguramente o departamento mais visível na estrutura das empresas. Logo ao chegar, encontramos um setor que é de controle da administração: o de Recepção. Este setor é o que controla a entrada de pessoas e coisas no interior das emissoras. Ninguém ou nenhum pacote, fita, encomenda pode entrar ou sair da emissora sem o conhecimento dos encarregados do setor. O setor de Segurança da empresa trabalha próximo ao setor de Recepção, e tem por função a manutenção da ordem nas portarias e nos vários departamentos da emissora. O setor de Segurança tem também um corpo especial: os bombeiros que atuam em eventuais incêndios ou disfunção técnica de algum departamento. O setor de Recepção/Segurança é o responsável pelo encaminhamento das pessoas aos diversos departamentos procurados. É comum serem expedidos crachás com cores diferentes para os setores de Técnica, Produção, Pesquisa, etc. Em algumas emissoras, os crachás são controlados pela Segurança, e os infratores são convidados a não continuarem nas áreas não abrangidas pela cor do crachá. Exigem ainda que todos os funcionários portem adequadamente seus crachás, exceção feita à diretoria, convidados especiais e pessoas muito conhecidas (políticos, artistas, etc.), além dos donos das empresas.

O segundo setor a ser conhecido é o de Recursos Humanos. Como em qualquer empresa, é ele quem faz a contratação e controla a folha corrida de desempenho de todos os funcionários. O Departamento de Recursos Humanos ou de Pessoal preocupa-se com os benefícios e o lazer dos funcionários. E com sua saúde também. É comum que as empresas tenham um médico de plantão ou um enfermeiro para os primeiros socorros, ou ainda ambulância, para os casos mais graves.

No Departamento de Administração também está a Administração propriamente dita, e a Diretoria da empresa. A Administração cuida do planejamento econômico, do bom uso das verbas existentes, da venda de espaço publicitário, da aplicação e rendimento dos valores arrecadados, da emissão dos pagamentos de funcionários e de terceiros e da compra de equipamentos. A Diretoria da empresa é composta por representantes dos diversos departamentos que, por antiguidade ou confiança dos proprietários, tomam as decisões nas suas áreas. Cada empresa tem uma forma diferente de compor o seu órgão máximo de decisões, e o número de integrantes varia de emissora para emissora. Outro setor abarcado pelo Departamento de Administração é o de Transportes. Este é um setor importante para os jornalistas. Controla os veículos da empresa e os libera de acordo com as prioridades. Um setor do Departamento de Administração é muito especial: o das lanchonetes e restaurantes. É usual que as emissoras tenham dentro de suas dependências lanchonetes e, em muitos casos, mantenham restaurante para a diretoria e os funcionários.

ENGENHARIA

Este é, seguramente, o departamento do qual nós, jornalistas, menos entenderemos a mecânica de funcionamento, por se tratar de área específica dos engenheiros e técnicos especializados. É o departamento encarregado de todas as instalações eletrônicas e da expansão tecnológica das emissoras. É o responsável pelos equipamentos de captação, seleção, edição, pós-produção, sonoplastia e transmissão dos sinais de vídeo que caracterizam a programação de uma emissora. É o encarregado, pelo lado técnico, do apoio tecnológico utilizado pelas emissoras. É o departamento responsável pelas transmissões em rede nacional e pelo sistema de difusão via satélite. Nas coberturas especiais, como reportagens ao vivo, grandes eventos — como uma missa direta do Vaticano, a coroação de um rei na Europa —, cabe a esse departamento captar e oferecer os sinais para os setores interessados. É o órgão encarregado da manutenção dos equipamentos e da indicação de novas aquisições de máquinas e instrumentos de apoio às diferentes áreas. Também é sua atribuição fazer com que a programação e o sinal das emissoras cheguem a nossa casa sem problemas ou interrupções na programação.

PROGRAMAÇÃO

Para o nosso trabalho é o departamento mais importante, pois tem a responsabilidade de toda a produção de programas da emissora, desde a hora em que a emissora entra até que sai do ar, encerrando a programação. Cabe-lhe determinar a hora exata da entrada de um programa, sua duração, a quantidade de interrupções para as chamadas comerciais e da programação e a definição do horário em que o programa entra e sai do ar. É o departamento que contrata novos serviços para a emissora e projeta a nova programação para os telespectadores. A decisão da necessidade de produção de novos programas, bem como de eventos especiais (de fim de ano, eleições, corridas internacionais de carros, etc.) é de indicação exclusiva da Programação. Os eventos especiais na área de jornalismo também têm que estar em consonância com o resto da programação, devendo ser programados por esse departamento. Quer dizer, qualquer alteração, mudança de horário, diminuição do formato e até mesmo a eliminação de um determinado programa é de responsabilidade do Departamento de Programação.

Este é, portanto, o núcleo da televisão encarregado de todos os produtos que ela veicula. Para isso, mantém estreitas relações com todos os setores de produção de programas. Também os setores de produção de programas variam muito de emissora para emissora. Mas podemos genericamente classificá-los da seguinte forma:

a) programas de shows e musicais;

A EMISSORA: ESTRUTURA DE PRODUÇÃO 43

b) infantis;
c) programação de filmes;
d) educativos;
e) programação feminina;
f) novelas;
g) humorísticos;
h) rurais;
i) esportivos;
j) eventos especiais;
k) programas religiosos;
l) jornalismo e documentários, e outros.

O significado das palavras "emissora de televisão" comumente causa dúvidas nas pessoas que não entendem o sistema de comunicação e as designações adotadas no Brasil. Vamos chamar emissora apenas aquelas centrais regionais ou nacionais que produzem e difundem sua programação. As emissoras são produtoras de programas de televisão. Elas pesquisam, criam, produzem e difundem programas de vasta gama: jornalismo, shows, esporte, musicais, infantis, etc., para os telespectadores e também para as repetidoras da rede. Centrais repetidoras são aquelas que, como o próprio nome indica, somente repetem os sinais da emissora líder.

Uma das particularidades do sistema brasileiro é a formação de redes. Sérgio Caparelli as divide em dois tipos: nacionais e regionais[2]. As nacionais podem ser divididas em duas categorias: a) as efetivamente nacionais: Globo, Bandeirantes, SBT; e b) as parcialmente nacionais: Rede Manchete e as Educativas. Vale esclarecer que na época da publicação do livro (1982), a Rede Manchete ainda não estava totalmente estruturada como rede nacional, o que já não acontece hoje. Caparelli concorda que a principal rede nacional é a Rede Globo, que congrega 41 emissoras, distribuídas por 18 unidades da Federação. Ele diz que do total de emissoras que integram a Rede Globo, ape-

2. CAPARELLI, Sérgio. *TV e capitalismo no Brasil*, p. 94.

nas 5 são de propriedade das Organizações Jornalísticas O Globo. As demais são classificadas como afiliadas. Estas se vinculam à rede por contratos de compra e venda de serviços de comunicação com a emissora-líder[3]. As redes regionais são centrais de televisão geograficamente organizadas, sempre dependentes da programação de uma rede nacional. Essas redes mantêm uma emissora-líder para a produção de programação regional, sobretudo jornalismo. É o caso da Rede Brasil-Sul, cuja emissora-líder é a TV Gaúcha de Porto Alegre, que retransmite majoritariamente a programação da Rede Globo. A Rede Amazônica tem como emissora-líder a TV Amazonas, de Manaus, e retransmite a quase totalidade da programação da Rede Bandeirantes[4].

De um jeito ou de outro, a maioria das empresas de televisão, regionais, afiliadas, repetidoras ou redes nacionais reproduzem uma estrutura básica de organização. As disparidades existem e são, muitas vezes, contrastantes, já que em muitas regiões do país as empresas de televisão trabalham quase que sem nenhuma estrutura empresarial. As exceções acontecem em todo caso, sobretudo com aquelas que integram de alguma forma o sistema da Rede Globo. Justamente pela procura e definição de uma identidade de produção e programação que vai necessariamente refletir-se na estrutura organizacional das empresas. É o que se definiu como "padrão Globo de qualidade" que Cláudio Mello e Souza indica com a definição do crítico Artur da Távola e que apresentamos a seguir:

O "PADRÃO GLOBO DE PRODUÇÃO"
Artur da Távola, in Cláudio Mello e Souza,
Quinze anos de história - JN, pp. 67-68.

"O chamado 'padrão Globo' de produção é muito discutido, mas pouco conhecido em sua essência.

3. Idem, p. 94.
4. Idem, p. 95.

A EMISSORA: ESTRUTURA DE PRODUÇÃO

Os detratores da rede confundem 'padrão de produção' com 'conteúdo educativo' ou cultural (no sentido burguês e elitista do termo). Os defensores da rede, ou seus admiradores incondicionais, confundem-no com o que chamam de 'qualidade' dos programas, no sentido de eles 'gostarem' ou não. Padrão de produção, porém, nada tem a ver com qualidade de programa, nos vários sentidos em que o qualificativo é usado (qualidade cultural, educativa, de entretenimento, de emoção, de estética, etc). Padrão de produção é a criação de rotinas internas e de equipes técnicas capazes de realizar, a nível industrial, isto é, com regularidade e freqüência, programas que atendam:
a) às necessidades manifestantes do mercado;
b) à dinâmica de comunicação que desperte a atenção, mantenha-a e consiga níveis altos de emoção, adesão e sentimento;
c) à necessidade de clareza do mercado e simplicidade no contato com idéias novas;
d) à necessidade de entretenimento com base no princípio do prazer, marco fundamental da atitude do telespectador;
e) à necessidade de informação e conhecimento dos problemas da comunidade;
f) à necessidade de exercícios interiores de emoção projetados em figuras de ficção;
g) à necessidade de fantasias e devaneio, principalmente entre as crianças;
h) a um mínimo de qualidade técnica;
i) a um mínimo de qualidade estética;
j) à consonância com os valores éticos médios aceitos pelo público;
k) à necessidade da existência, para faixas etárias presentes na audiência, de matérias compatíveis com as suas várias preferências e aspirações.
Isso é padrão de produção: a obtenção de todos esses elementos na média da programação. É um patamar comum a toda programação, que mistura vetores diferentes no atendimento a necessidades

subjetivas do mercado. É um produto novo, típico da era eletrônica.
A Rede Globo conseguiu esse padrão. Ou conseguiu um padrão próprio. Ele é o responsável por essa relação constante e intensa do público com a televisão. O telespectador já sabe o tipo de serviço que receberá. Pode discordar aqui ou ali, gostar ou não desse ou daquele programa. Sabe, porém, o que o canal lhe deverá oferecer em termos de um determinado comportamento previsível. O padrão acostuma o telespectador a uma carga diária de emoção, informação, prazer, devaneio e serviços gerais. São cotas de proteínas culturais."

A NOTÍCIA E O TELESPECTADOR

"O repórter é um anatomista. A notícia
é o cadáver."
David Nasser,
in *Revista de Comunicação*,
nº 10, pp. 12-13.

Nas definições contidas no *Dicionário de Comunicação*, notícia é o "relato de fatos ou acontecimentos atuais, de interesse e importância para a comunidade e capaz de ser compreendido pelo público... A notícia não é um acontecimento, ainda que assombroso, mas a narração desse acontecimento. A notícia é tudo o que o público deseja saber. A essência pois da notícia está determinada pelo interesse público"[1].
Mas o que é esse *tudo* que o público deseja saber indicado no dicionário? O que caracteriza esse *interesse público* da notícia? Para responder a essas indagações precisamos primeiro definir o que deseja o leitor, o ouvinte ou o telespectador quando procura se informar das notícias que aconteceram em certo dia ou região.
Para considerar-se plenamente cidadão, o homem contemporâneo precisa dispor de fontes informativas que lhe permitam conhecer o que se passa e, em segui-

1. *Dicionário de Comunicação*, Ed. Codecri, Rio de Janeiro, 1978, p. 324.

da, formar juízo sobre os acontecimentos. O acesso à informação é fundamental para a vida do homem comum, já que se trata do exercício da sua cidadania e do pleno usufruto dos seus direitos como integrante da sociedade. Sabe-se que hoje, de um jeito ou de outro, a quantidade de pessoas que tomam conhecimento dos fatos é significativamente maior que décadas atrás. Acredita-se que essa tomada de conhecimento, esse contato com a notícia foi profundamente facilitado com o advento dos novos meios de comunicação, como o rádio e a televisão. Com estes meios e também com uma gama maior de jornais impressos, o homem contemporâneo passou a conviver continuamente com a informação.

Diferentemente do setor de produção e veiculação de comerciais, o público da informação deseja, sempre que possível, saber o que se passa no lugar onde vive, no seu país e também no resto do mundo. Podemos afirmar que o público da televisão está aberto às informações e ao processo de comunicação das informações.

Para Marc Paillet existe uma mudança muito maior do que o simples aumento da quantidade de pessoas atingidas. Para ele, "uma civilização do visto e escutado foi substituída por uma civilização do audiovisual"[2]. A civilização do audiovisual, que de alguma forma estamos vivendo, experimenta grandes mudanças de hábitos no contato com as comunicações eletrônicas. Os fatos chegam com rapidez inacreditável, os assuntos são muito mais diversificados e abrangentes, tornando o mundo menor e mais conhecido.

Entretanto, Al Hester sugere que, apesar desta dinâmica e abrangente variedade, "aqueles que dedicam tempo considerável a ler notícias, a vê-las na televisão ou escutá-las no rádio podem chegar à conclusão de que a violência, os conflitos, o crime, os fatos inusitados, os cataclismos constituem uma boa parte

2. PAILLET, Marc. *Jornalismo — o 4º poder*, pp. 158-159.

do pacote de informação do noticiário diário"[3]. Pode-se concordar que estas sejam pautas para o jornalismo, mas gostaríamos de acrescentar outras que o autor não citou. *Tempo* por exemplo. Notícia é o que está acontecendo agora, o que acontece em um tempo presente, imediato, ou que vai acontecer. Outro ponto é a *proximidade*. Notícia é o que acontece perto das pessoas alvo da audiência. Entretanto, o que acontece longe também interessa às pessoas, sobretudo fatos relativos às personalidades, ou ainda as guerras e desgraças ocorridas em países distantes da população alvo da audiência. Os *conflitos* interessam à população que o jornalismo pretende atingir. Sobretudo os conflitos dramáticos, onde o homem luta contra o homem (uma luta de boxe é um exemplo); tenta superar uma dura realidade pessoal (a luta contra o vício); a luta contra o destino (o fogo), ou ainda contra as adversidades da natureza (as enchentes). Podemos afirmar que notícia é também aquilo que acontece com figuras importantes da sociedade. Quem não se interessa por uma entrevista com Guimarães Rosa, por exemplo? Rosa tinha forte aversão a dar entrevistas à imprensa, tendo consentido somente três vezes em falar com os jornalistas.

O intelectual francês Jean Cocteau foi também muito procurado pelos jornalistas, e, quando entrevistado, relatou experiência desagradável no contato com a imprensa. Em entrevista, ele disse que "sempre que me encontro com um jornalista ele me interroga, forçando-me até a um ponto que seria pretensioso da minha parte não responder. Então, digo algumas poucas palavras, das quais ele faz o maior barulho possível. Daí por diante, responsabilizam-me pelo barulho"[4]. Entendo que o barulho provocado pela reportagem não era de única responsabilidade do jornalista que a tinha realizado. No caso de Jean Cocteau, era

3. SOMAVIA, Juan *et all*. — *A informação na Nova Ordem Internacional*, p. 73.
4. "Diário de Jean Cocteau", *O Estado de S. Paulo*, 13.06.87.

previsível que suas declarações e frases tinham, por si só, forte conteúdo inovador e mexiam com alguns conceitos vigentes na sociedade da sua época.

O trabalho do jornalista é principalmente produzir reportagem sobre determinado assunto, mesmo que não seja um especialista na área. Para o jornalista David Nasser, o papel do jornalista setorista não tem tanta importância, pois "todos nós, homens de imprensa, gente que escreve sobre tudo sem entender de nada, o fazemos sobre a areia do tempo"[5]. Quer dizer, quando o jornalista entra para uma empresa de comunicação, deve estar preparado para escrever sobre todos os assuntos. Apesar de, nos últimos tempos, estar sendo valorizado o trabalho do jornalista especializado nas múltiplas áreas que compõem o processo de comunicação do veículo. Mas, como a variação de assuntos é muito grande, a tensão também é constante. O que aumenta a imprecisão e o número de erros.

A pauta é variada, porém, programável. Para Robert E. Park, "os acontecimentos são os realmente esperados, assuntos simples e comuns, como nascimentos e mortes, casamentos e enterros, as condições da lavoura, da colheita, a guerra, a política e o tempo. Estas são as coisas esperadas, mas, ao mesmo tempo, também imprevisíveis, porque se ignora onde e como acontecerão"[6].

Apresento, a seguir, algumas relações e diferenças existentes entre o jornalismo impresso e o televisado. De forma geral — no entretenimento e na cultura —, muita coisa mudou com a chegada do novo meio de comunicação em nosso país, em setembro de 1950. No que diz respeito à informação, entretanto, as opiniões divergem um pouco. Alberto Dines, por exemplo, afirma que "a imagem no vídeo não provo-

---

5. NASSER, David. "Luz de vela", in *Revista de Comunicação* nº 10, pp. 12-13.
6. PARK, Robert E. e SAPIR, E. *Comunicação, linguagem e cultura*, S. Paulo, ECA/USP, 1971.

cou a revolução da informação. Ela obrigou, isto sim, o resto da veiculação a apressar-se para entrar em seu ritmo e satisfazer as novas necessidades que ela criou..."[7].

A televisão é contemporânea ao fato. Pelas suas próprias características técnicas, ela proporciona possibilidades de mostrá-lo logo depois de ele ter acontecido, quase instantaneamente. Em vez de relatar o fato, ela o mostra em toda a sua dimensão. Ela pode, assim, atingir quantidade muito maior de sentidos humanos, já que se utiliza do movimento, da cor, do som e de toda a dramaticidade do acontecimento quase ao mesmo tempo em que ele se deu. Por isso, pode-se dizer que a televisão é cômoda, já que ela não exige esforço por parte do telespectador. O mesmo não acontece com o jornal impresso.

Para Marc Paillet, o "jornalismo escrito exige um esforço: ler (evidentemente), imaginar, compreender, comparar, julgar, reler se necessário.... Ele é de manipulação bastante difícil, inclusive materialmente. Somente uma pessoa pode consultá-lo de cada vez. Era seguidamente o pai de família que tirava da leitura do jornal uma parte do seu prestígio"[8]. Afora isso, é necessário dominar o código lingüístico do país, que, no caso do Brasil, apresenta grande parte da população analfabeta.

Além disso, a imagem tem papel fundamental na comunicação eletrônica. É indiscutível sua força, capacidade de convencimento, poder de expressão e dramaticidade. Para Getúlio Bittencourt, "a imagem ganhou o concurso da palavra desde o advento do cinema falado, no final dos anos 20, o que incrementou seu poder de comunicação"[9]. É o que o jornalista Alberto Dines afirmava anteriormente, apesar de abordar o conceito de forma diferente. A televisão não re-

7. *Dicionário de Comunicação*, Ed. Codecri, ob. cit.
8. PAILLET, M. *Jornalismo — o 4? poder*, pp. 155-156, ob. cit.
9. BITTENCOURT, Getúlio. "Além das aparências", in *Caderno de Jornalismo e Editoração*, São Paulo, ECA/USP, p. 51.

volucionou a informação, ela trouxe um elemento importante, que é a imagem instantânea e seu grande poder de comunicação.

Os jornalistas que trabalharam nos dois meios dão depoimentos que definem muito bem suas características. O jornalista Ronald de Carvalho, atualmente na Rede Globo de Televisão, explica: "Antes (no jornalismo impresso) eu escolhia as fotos que se adequavam ao meu texto; agora procuro o texto que se adapte à imagem. São processos diferentes, mas que nada têm de conflitantes"[10].

A convivência pacífica entre os dois meios de comunicação é perfeitamente possível. Trata-se de cada um deles descobrir e assegurar espaço e público.

Para Paulo Francis, "o jornalismo só sobreviverá à mídia eletrônica se menos e menos se concentrar em fatos — porque leva um banho da imagem e da agilidade tecnológica da televisão — e interpretar o que acontece, o que a televisão não pode fazer tão bem, dada a questão do tempo"[11]. Esclarecemos que o jornalista quis dizer, quando aborda a questão do tempo, que se trata da escassez do tempo disponível na televisão. Ele custa muito mais caro que na imprensa escrita, se pudéssemos fazer uma comparação entre tempo e espaço, características particulares aos dois meios.

O processo de comunicação jornalística na televisão impressionou também o jornalista Clóvis Rossi. No livro *Vale a pena ser jornalista?*, ele afirma que "a televisão pode jogar com imagens que, não raro, dizem e explicam muito mais do que vinte, trinta ou até quarenta linhas escritas"[12].

Apesar desta inegável força de comunicação, o domínio do conteúdo e forma da expressão com as imagens é preocupação recente em nossa sociedade. Isto por causa de um simples fato: todas as pessoas que têm

10. MELLO E SOUZA, C., *Quinze anos de história — JN*, p. 186.
11. FRANCIS, Paulo. *Folha de S. Paulo*, 14.04.82.
12. ROSSI, Clóvis. *Vale a pena ser jornalista?*, p. 43.

A NOTÍCIA E O TELESPECTADOR

o conhecimento e o domínio da língua pátria (as consideradas alfabetizadas) sentaram um dia em um banco de escola. Desde o início, o contato com a expressão escrita, o encontro e as experiências com as letras e os números. É fundamental dominar o código das letras e das palavras. E saber reproduzi-los, pois estes são os fundamentos básicos da comunicação escrita. Na seqüência, o domínio das palavras e seus significados. A comparação das palavras impressas e seus valores na vida real. A frase, o período, o texto completo. A redação e a composição. Toda a expressão se dá no papel.

A comunicação, pode-se dizer, é bidimensional. Esta é uma experiência que se verifica comumente nas escolas, indo até quando o estudante termina a graduação em alguma faculdade ou instituto de ensino superior do país. Quer dizer, mesmo como jornalista, a experiência na comunicação, utilizando o poder da imagem, é praticamente inexistente, sobrando poucas exceções, que acabam confirmando a regra.

A imagem não tem fronteiras. Apesar de algumas diferenciações regionais, ela pode ser decodificada por qualquer cidadão, de qualquer parte do planeta, sem muitas dificuldades. Ao contrário, o jornal escrito utiliza um idioma que, se conhecido, torna possível decodificar as informações nele contidas.

Para melhor explicar este conceito, gostaria de apresentar uma simples experiência. A televisão é decorrência do cinema como suporte de comunicação, e tem como ponto forte da sua linguagem a expressão cinética, própria ao veículo. Vamos à experiência:

1. Selecionemos uma notícia qualquer num jornal, sobre qualquer assunto. Vamos lê-las em voz alta, gravando num aparelho de áudio. Em seguida, ouçamos o que foi gravado. O resultado poderá parecer um pouco estranho, complicado, pretensioso e difícil de acompanhar.
2. Em seguida, vamos ler outro artigo, diferente do primeiro, até entendê-lo completamente. Va-

mos então contar a nossa versão, também em voz alta, para o mesmo gravador de áudio. Ouçamos o resultado: ele será seguramente mais simples e fácil de acompanhar do que a primeira experiência. 3. Podemos em seguida comparar as duas versões das histórias que gravamos no aparelho de áudio.

a) A versão interpretada para o gravador será, seguramente, bem menor e muito mais objetiva que a primeira, a da leitura do texto impresso. Isto pode ser perfeitamente comprovado se transpusermos as duas versões para o papel, usando uma máquina de escrever.

b) É certo que devemos ter esquecido algum detalhe na versão contada para o gravador (a segunda), e provavelmente devem ter sido valorizados os principais fatos da história. Mas, deixando os detalhes para o jornal impresso, é assim que as pessoas conversam normalmente. Este é, mais ou menos, o que se pode definir como estilo de redação ideal para a televisão.

No jornal impresso, os olhos vão poder esquadrinhar e reler o texto escrito quantas vezes for necessário, até que ele seja perfeitamente compreendido pelo leitor. Isto não é possível na televisão. Ou se entende de imediato ou não se entente nada. Não existe uma segunda possibilidade de "leitura" da informação na televisão. Não é possível voltar atrás, reler de novo. Além disso, pode-se afirmar que os olhos têm mais paciência que os ouvidos. Os ouvidos ficam desorientados quando nós os enchemos de detalhes ou lhes contamos uma história de forma monótona.

Na televisão, o processo de comunicação é o direto, o do dia-a-dia. Para o telejornalismo, precisamos redigir como falamos, com os recursos e as virtudes da linguagem coloquial. A força da expressão da televisão está na individualização da comunicação. Marc Paillet coloca que isto é fundamental na televisão: "É a cada um de nós que o presidente vai dirigir-se. Ele nos fala, nos olha, inteiramente ocupado em me seduzir, em me convencer. Ele aponta o dedo na minha direção, sublinha uma frase com uma mímica que eu surpreendi... Mas... eu posso julgar, avaliar, 'pegar ou largar'. Nada me escapa: a menor hesitação, um pequeno tique nervoso"[13].

Alguns profissionais e também intelectuais criticam a televisão por julgá-la demasiado superficial e anticultural. Esta é uma visão inadequada da parte desses grupos, já que todos os meios têm suas funções, estilos, objetividade e importância. Como afirmamos antes, é perfeitamente possível a convivência amigável entre os diferentes veículos de comunicação. No que diz respeito à superficialidade alegada por alguns, colocamos que este conceito é especialmente errado e tem servido como disfarce que justifica desentendimento quanto à real característica da televisão.

Se a televisão não pode, pelas características comerciais do veículo (custo do espaço, por exemplo), apresentar aprofundamento mais substancial, o conteúdo não perde em quantidade de informações, tão verdadeiras quanto as da imprensa. Ela colhe também tantos ou mais frutos pela dinâmica das informações e assuntos tratados, se comparada com o jornalismo impresso. O jornalismo impresso também comete erros profundos, que comprometem o veículo. Só que, pelo menos em número de público, causam menos estragos. Damos como exemplo alguns fatos relatados pelo jornalista Antônio Gonçalves Filho, que em artigo intitulado "A imprensa também comete seus erros", afirma: "Há exemplos célebres que justificam o temor diante dos erros, como o da notícia da morte do Papa Pio XII pelos jornais italianos, antes de o Santo Padre resolver se encontrar com o Criador"[14].

Outro exemplo da ocorrência grave de erro no jornalismo impresso foi a matéria publicada pela revis-

---
13. PAILLET, M., ob. cit., p. 156.
14. GONÇALVES FILHO, A. "A imprensa também comete seus erros", *Folha de S. Paulo*, 13.11.83.

ta semanal *Veja*, que, em 27 de abril de 1983, à página 84, anunciava um "Fruto da carne". E em subtítulo "Engenharia genética funde animal e vegetal"[15]. Foi uma grande "barriga" (no jargão, notícia inexata, publicada com boa-fé) da revista, que não entendeu as intenções da fonte na qual se baseou, a revista *News Science*[16]. Para perceber a brincadeira, vale a pena reproduzir a tese aventada: "Agora, num ousado avanço da biologia molecular, dois biólogos da Universidade de Hamburgo, na Alemanha, fundiram pela primeira vez células animais com células vegetais, as de um tomateiro com as de um boi. Deu certo. Barry Marc Donald e William Winpey..."[17]. Os infalíveis jornalistas da mais importante revista semanal do país não perceberam as armadilhas claras do texto, assumiram uma coisa praticamente impossível de acontecer e veicularam uma grande mentira.

Outro exemplo famoso no meio jornalístico impresso é o chamado "Yamamoto". O sempre cáustico e crítico da televisão, jornalista Paulo Francis é o responsável por este grande engano. O "Yamamoto" é o erro em que Francis incorreu quando tirou o herói nipônico da Segunda Guerra, que estava morto na época da redação do texto, e, de acordo com Sérgio Augusto, "o carregou para a *première* mundial do filme *Torá, Torá, Torá*"[18]. Algumas outras histórias poderão ser apresentadas, mas gostaria de apresentar uma que virou verdade nacional a partir de uma imprecisão.

Trata-se da histórica frase atribuída ao presidente francês Charles de Gaulle, que, segundo virou consenso geral, teria dito: "O Brasil não é um país sério". Carlos Alves de Souza, o embaixador brasileiro em Paris na época da "Guerra da Lagosta" — o proble-

---

15. "Fruto da carne", *Veja*, 27.04.83, p. 84.
16. "Revista descobre um hambúrguer mágico", *O Estado de S. Paulo*, 26.06.83, p. 20.
17. "Fruto da carne", ob. cit.
18. AUGUSTO, Sérgio. "Das maiores gafes ao requinte do 'New Yorker'", *Folha de S. Paulo*, 13.11.83.

ma detonador da famosa frase —, afirma que ela não é de autoria do presidente francês, e sim dele próprio. E explica no livro *Um embaixador em tempos de crise* que, à saída de uma reunião de emergência com De Gaulle, ele, o embaixador, confidenciou ao jornalista Luís Edgard de Andrade que, tendo em vista a delicada situação diplomática criada pelo nosso governo, desabafou e disse que "*le Brésil n'est pas un pays sérieux*"[19]. O embaixador não atribui o erro ao jornalista, por quem nutre admiração e respeito. O que nos importa é que a frase foi atribuída ao presidente francês, e é sempre ouvida na boca das pessoas quando criticam alguma situação errada do nosso povo ou dos governantes.

O erro de imprecisão, involuntária ou proposital, pode, no jornalismo, revelar grave sintoma de irresponsabilidade, ou ainda ser encarado como forma de tratamento superficial ou irreal da notícia. Os exemplos que citamos, que dizem respeito à atividade jornalística impressa, não podem ser encarados como forma de discriminação. Sabemos perfeitamente que muitos erros e imprecisões também são freqüentes na televisão. Neste momento, tencionamos simplesmente demonstrar que todos os veículos são passíveis de cometer erros, e não se trata de ficar criticando, de um lado ou do outro, o veículo concorrente.

Na tentativa de evitar os erros, mal-entendidos, inexatidões ou discriminações, o jornalismo televisual tenta se utilizar de todo o poder de convencimento e credibilidade das imagens. Isto pode ajudar na compreensão e evitar o que poderia ser chamado de "superficialidade" da informação na televisão. A saída usada é apresentar a maior quantidade possível de imagens dos fatos, nem que isto não seja de agrado dos críticos, semióticos ou estetas da comunicação. No processo da comunicação televisual, mostrar é pre-

---

19. ALVES DE SOUZA, Carlos. *Um embaixador em tempos de crise*, p. 317.

ciso, divagar não é preciso. Se podemos plagiar a célebre frase do poeta português.

Para o jornalista Inácio Araújo, "muitas vezes, este jornalismo que trabalha sobretudo a idéia de prova (uma espécie de "Síndrome de São Tomé") já alterou mesmo a qualidade da informação do jornalismo em geral, deixando de ter compromisso único com os fatos, mas cada vez mais com fatos que sejam evidentemente atraentes"[20].

Outra colaboração emprestada pela televisão ao jornalismo impresso é a qualidade do texto conciso, que está inclusive sendo aplicada como norma na redação do jornal americano de grande sucesso *USA Today*. Neste jornal impresso, a duração máxima do texto é de 40 linhas. Com a objetividade, concisão e coloquialidade do texto telejornalístico.

20. ARAÚJO, Inácio. "Com a síndrome de São Tomé", *Folha de S. Paulo*, 18.02.87.

A EXPRESSÃO É CINÉTICA

Sabemos que na literatura os autores se expressam por meio de palavras, obedecendo às suas regras e técnicas próprias. A leitura de um livro, de um conto ou de uma simples frase provoca na mente das pessoas um processo de interpretação e decodificação individual que varia de acordo com a imaginação e a cultura de cada um. Quer dizer, a partir da leitura de um texto, criamos em nossa mente um "filme" codificado pessoalmente e que é condizente com o texto. Essa interpretação do texto escrito é individual e varia muito de pessoa para pessoa. É comum as divergências de interpretação se manifestarem quando algum diretor de cinema adapta para a tela um livro conhecido. Muitas pessoas discordam da versão do diretor, já que tinham "visto" outras situações e cenários para o determinado livro. Com relação a este tema, na adaptação para o cinema do livro *O nome da rosa*, de Umberto Eco, um interessante diálogo foi travado entre o diretor e o autor da obra. O diretor francês Jean Jacques Annaud perguntou a Umberto Eco se concordava com o roteiro que ele tinha preparado para o filme. Astutamente, Eco lhe respondeu que "meu livro é meu livro; teu filme é teu filme. O filme não é uma adaptação exata do livro, porque na leitura cada um faz a sua própria imagem mental"[1].

O teatro, além do recurso do texto, agora falado, utiliza-se da presença física dos atores em cena, com seus trajes, maquilagem, expressões de voz e movimentação, além de outros recursos plásticos. O cenário, por exemplo, com as inúmeras possibilidades de criação, além da iluminação e seus recursos plásticos. Um recurso de enorme poder de comunicação também é utilizado: a sonoplastia, que dá o clima à ação interpretada no palco. Mas o teatro tem uma limitação importante para os espectadores: na maioria das vezes, os espectadores ocupam um assento, e não podem se locomover deles. Então, a percepção da ação se passa a partir de um único ponto de vista da adaptação do texto interpretado no palco.

O cinema absorve e acumula todos esses recursos plásticos, mas possui um especial e próprio à expressão cinética: a variação dos pontos do espaço a partir dos quais são captadas as informações a serem transmitidas. Para o cineasta John Huston, "o cinema tem muito em comum com os nossos processos fisiológicos e psicológicos, mais do que qualquer outro meio de comunicação"[2].

O cinema se utiliza dos recursos e características próprios da literatura, portanto da língua escrita. Enquanto os códigos da língua são muito precisos e delimitados, os próprios à expressão cinética são totalmente indomáveis e dependem fundamentalmente da criatividade de adaptação de cada diretor. A respeito disto, Eduardo Neiva Júnior afirma que "entre a imagem e a língua verifica-se uma diferença básica: o número de elementos disponíveis para os atos lingüísticos é finito. Mais cedo ou mais tarde, o ciclo

---

1. "O nome da rosa", *Folha de S. Paulo*, 27.05.87.
2. HUSTON, John. *Um livro aberto*, p. 409.

A EXPRESSÃO É CINÉTICA 61

estará completo, e o falante repetirá os sons já emitidos. A imagem caracteriza-se por proliferar sem que haja um horizonte que limite sua ocorrência"[3].

Com relação ao processo distinto existente entre o texto escrito e o texto apresentado cineticamente, o famoso diretor de cinema brasileiro Alberto Cavalcanti deu um conselho que eu gostaria de relembrar: "Você poderá fazer um texto sobre os Correios, mas deverá fazer um filme sobre uma carta"[4]. O cineasta tinha um conceito claro na cabeça quando formulou a frase: escrever um texto para ser lido individualmente por alguém e escrever um texto para ser apresentado na tela tem muita diferença.

O autor do livro *O processo de criação no cinema*, John Howard Lawson, ao abordar as particularidades da expressão cinematográfica, apresentou uma única frase que demonstra a enorme possibilidade de saídas para a adaptação do texto para o cinema. A frase é simples: "Um homem caminha em direção às montanhas". A possiblidade de criação de situações cinematográficas é variada e específica ao veículo. Vejamos como o autor desenvolve o assunto:

"Um homem caminha em direção às montanhas. A frase principia com o homem. Se começarmos com um plano do homem, deparamos com toda espécie de fatos físicos que não estão contidos nas palavras. 'Um homem' é uma abstração. Entretanto, este homem é uma pessoa cujo rosto revela certas particularidades de seu caráter, de sua idade, de seu temperamento. Mesmo neste primeiro grande plano, teremos muitas informações a respeito do ambiente: será dia ou noite, o tempo também deve ser levado em consideração, o homem está se movimentando numa determinada paisagem. Suponhamos que seja dia; há nuvens no céu, sopra vento, é outono e ele está descendo por uma cam-

3. NEIVA JR, Eduardo. *A imagem*, p. 13.
4. CAVALCANTI, A. *Filme e realidade*, p. 61.

pina nua, coberta de pedras que se quebram debaixo de seus pés.
Com isto chegamos à questão do som: ouvimos o ruído do vento, o som de seus passos. Poderá haver música, ou então será possível ouvir sua voz monologar interiormente. A câmara desce, focalizando suas botas. Este primeiro movimento da câmara da cabeça do homem aos pés muda o espírito e o ritmo da cena e pode pedir alterações semelhantes ou contrastantes no esquema sonoro. O verbo foi introduzido; é um verbo intransitivo, e ainda não envolve nenhuma ação além do caminhar. A esta altura, a frase cinematográfica já implicou uma riqueza de detalhes, tons e nuanças psicológicas. Por outro lado, muito há ainda para ser dito: não conhecemos o homem, não sabemos para onde vai. Voltemos pois ao seu rosto, ansiosos por saber mais. Tomemos um grande plano de seus olhos, e depois mostremos aquilo que ele está vendo — as altas montanhas que se elevam no horizonte. Em torno do homem, do ambiente e das montanhas longínquas poderia ser construída uma sinfonia audiovisual. Acrescentemos outra cláusula à exposição. Examinamos o rosto do homem e percebemos que ele está angustiado. Cortamos para a rua de uma cidade; é noite, alguém está correndo. Há disparos, o vulto se esconde num beco. À luz de uma lâmpada da rua vemos que ele está ferido. Cortamos para o homem que caminha em plena luz do dia. Ele coloca a mão sobre o lado, e descobrimos algo que não havia sido ainda revelado: há sangue na sua mão.
Até aqui, estivemos contando apenas um episódio acerca do homem. Voltemos para outros momentos, outros lugares — um mendigo esfarrapado andando por ruas miseráveis; um soldado correndo através de um campo coberto de soldados mortos ou feridos; uma criança pulando num prado florido. A música pode contradizer as imagens: o pedinte anda ao som de uma música marcial; o solda-

A EXPRESSÃO É CINÉTICA

do corre ao ritmo de uma valsa irônica; a criança pula no esplendor solene de uma missa de Bach. Evidentemente, algo se cria nessa estrutura audiovisual; há um contraste espantoso entre as diferentes imagens e a música que as acompanha. Contudo, do ponto de vista da montagem, isso não tem valor específico, pois o que há de novo, de explosivo, entre uma tomada e outra, é apenas material virgem, ainda não definido. Mas coloquemos, em determinado momento, no início da série de tomadas, uma legenda na tela: "As quatro vidas de Archibald McBane". Vemos agora que os quatro diferentes personagens são uma só pessoa; suscitamos, assim, certa curiosidade. A relação entre as tomadas ficou reforçada pelas palavras, não pelo desenvolvimento da harmonia ou do choque entre as imagens e o som. A legenda tem um valor narrativo, mas não enriquece aquele algo criador que se encontra entre os elementos visuais"[5].

O processo de criação deste meio de comunicação, que usa o movimento, a cor, o som e a variação do espaço como recurso lingüístico, influencia decididamente a forma de redigir uma história para o veículo. Numa comparação livre entre a maneira de se expressar da televisão e do cinema, poderíamos alertar que, pelas suas próprias características, a televisão exige cortes na ação dramática para os intervalos (e isso influencia a narrativa), o que não acontece com a literatura em geral e nem no cinema, cuja ação é desenvolvida num todo.

No campo específico do jornalismo e sua expressão para o impresso e televisão, essas diferenças persistem, e em muitos casos são até aguçadas pelos princípios de comunicar de cada um desses veículos. Sempre que um repórter relata um dado fato jornalístico, estará inevitavelmente contando a história sob um

---

5. LAWSON, John H. *O processo de criação no cinema*, Rio de Janeiro, Civilização Brasileira, 1967, pp. 234-235.

ponto de vista particular, de acordo com seus referenciais culturais, históricos e políticos. Isto tendo em vista, seguramente, a transmissão da notícia com vistas a alguma mudança de entendimento do fato, da parte do público atingido. Para Marc Paillet, "a notícia impressa não se parece nunca com o fato visto: as escolhas, as distorções, os múltiplos constrangimentos mais ou menos inevitáveis aparecem de modo evidente"[6]. A objetividade, pedra fundamental do processo narrativo do jornalismo televisual, determina boa parte desta distinção entre os dois veículos.

A objetividade do telejornalismo indica que o processo de aprofundamento das questões poderá ser mais bem abordado pelo jornalismo impresso, ou ainda, o que é mais difícil, com o interesse do leitor em pesquisar o assunto. No livro *Vale a pena ser jornalista?*, o jornalista Clóvis Rossi explica que "o tempo na televisão é curto e exige uma capacidade notável de condensação. Basta lembrar que em jornal, uma notícia de vinte linhas é considerada curta, ou até muito curta. Na televisão ocorre justamente o oposto. Para se levar ao ar um texto de vinte linhas, é preciso que o assunto seja realmente muito importante"[7].

O assunto, pauta da reportagem, está definido e é igual para os diversos veículos. Então, objetivamente, o que distingue a redação da informação para o telejornalismo dos outros veículos? Seguramente, a presença da imagem, mas também a relação desta com as palavras e das palavras entre si. É comum acreditar que a imagem é responsável pela informação na televisão. Discordo profundamente deste conceito, já que a palavra se mostra tão importante na televisão quanto no jornal impresso. Apesar de todos os inúmeros recursos tecnológicos que separam e distinguem os veículos, *a palavra é fundamental* para a comunicação eletrônica. Não só a imagem.

---

6. PAILLET, Marc. *Jornalismo-4º poder*, p. 154.
7. ROSSI, Clóvis. *Vale a pena ser jornalista?*, p. 43.

REDAÇÃO? SIM, REDAÇÃO!

O profissional que vai trabalhar no telejornalismo tem que, primeiramente, saber escrever corretamente, se pretender tornar-se uma pessoa bem-sucedida na televisão. Deverá ter perfeito domínio do exato significado de cada palavra ou expressão da língua. Precisará conhecer o significado do conteúdo coletivo de cada uma delas. Terá que levar em conta que o texto redigido para o telejornal vai ser ouvido pelo telespectador. Apesar de a audiência ser sempre medida em milhares de pessoas ou milhões de telespectadores, ele estará escrevendo sempre para um único assistente, que o está ouvindo e tentando entender o que ele quer transmitir. Torna-se importante, então, que o texto seja claro, direto, simples, enfim, que tenha as qualidades e as virtudes da linguagem coloquial. Desta forma, o apresentador da notícia estabelece ligação direta com o telespectador.

O profissional do telejornalismo deve entender que a notícia será lida pelo apresentador. Por isso, deverá primeiramente ser ele, o redator, a pessoa a ler, em voz alta, o texto escrito. Com a leitura em voz alta, vai ser possível descobrir alguns erros, tais como: palavras que não soam bem e que, no jornalismo eletrônico, comprometem a sonoridade da frase; palavras mal colocadas, que podem acabar prejudicando o ritmo do texto. O telejornalista deverá duvidar sempre do primeiro texto. Raramente a primeira investida é a melhor, e torna-se necessário redigir cuidadosamente para que tudo esteja claro, objetivo e de simples compreensão.

O poeta Carlos Drumond de Andrade afirmou que "escrever é cortar palavras", o que acabou criando certo constrangimento entre aqueles que justamente acreditavam no contrário. Essa condição é fundamental para os jornalistas da televisão. Cláudio Mello e Souza afirma que "a frase do poeta leva-nos à meditação sobre um dos maiores problemas enfrentados por quem escreve: conciliar concisão com elegância, fluência com clareza, despojamento da frase com riqueza de conteúdo"[8]. Por isso, deve ser dada atenção especial à estrutura da frase. Cada palavra que puder ser eliminada poderá aumentar a clareza do conteúdo a ser transmitido, e também ganhar tempo para outras informações.

Dissemos que o ouvido tem menos paciência que os olhos, e fica desorientado quando contamos a ele uma história de forma monótona ou rica demais em detalhes. Além disso, apesar do enorme fascínio que a televisão exerce sobre as pessoas, ela sofre a concorrência de outros fatores que atrapalham a concentração das pessoas: gente entrando e saindo da sala, a campainha que toca, um barulho qualquer que chega do exterior, uma pequena confusão com as crianças na sala. Além disso, quando o telejornal entra no ar, está se dirigindo às pessoas que tiveram um dia exaustivo de trabalho. É o momento em que todos querem se informar, saber o que aconteceu naquele dia, na sua cidade e no mundo. Necessitam de informações claras, objetivas, sem muito rebuscamento.

Portanto, devem-se usar frases curtas, sempre na ordem direta. Não só frases curtas. Deve-se preferir usar também palavras curtas, já que quase sempre as palavras longas sugerem coisas abstratas. O livro *Television news* citado no manual de Jornalismo da Central Globo de Jornalismo esclarece que "a frase é um pacote de informações e a informação em palavras longas é um pacote pesado demais"[9]. É seguramente impossível escrever uma notícia, ou mesmo as notícias de um telejornal, usando somente palavras curtas em frases curtas. Mas essa é uma regra que deve ser perseguida sempre.

Diferentemente do jornal impresso, no telejornal, sempre que uma palavra não for necessária, não deverá ser usada. O mesmo é válido quando se percebe que uma frase não acrescenta nada importante à in-

8. MELLO E SOUZA, Cláudio, *Quinze anos de história — JN*, p. 205.
9. Normas de redação CGJ, p. 10.

formação. Neste caso, a frase inteira deverá ser cortada. A concisão e a objetividade são fundamentais. Em depoimento na XIII Semana de Estudos de Jornalismo, organizada pela ECA/USP, o jornalista da Rede Globo, Paulo Roberto Leandro, afirmou: "Não há notícia que não possa ser reduzida a vinte linhas ou 30 segundos na televisão"[10]. A estrutura interna das notícias apresentadas nos telejornais é organizada de maneira que forneça ao telespectador a sensação de ter visto tudo e saber o que se passa de importante em todos os lugares. O diretor geral de Telejornalismo da Rede Globo, Armando Nogueira, afirmou à revista *Veja* que "damos o máximo de informações objetivas e deixamos que o telespectador conclua por conta própria"[11]. Repórteres que realizaram a cobertura dos quinze anos de telejornalismo da Rede Globo na citada edição da *Veja* concluíram que "na edição do *Jornal Nacional*... foram levadas ao ar cerca de 1 000 palavras. Em apenas uma página de um jornal diário, no entanto, há uma média de 4000 palavras impressas"[12].

Isto porque na redação para telejornalismo as palavras usadas serão só as que não puderem ser cortadas e aquelas fundamentais para a informação. Como Cláudio Mello e Souza muito bem lembra no livro *Quinze anos de história — JN*, "É imprescindível não esquecer que a palavra está casada com a imagem. O papel da palavra é enriquecer a informação visual"[13].

No que se refere às normas de redação em telejornalismo, o único manual existente é o da Rede Globo de Televisão, exclusivo dos profissionais que nela trabalham e não-acessível ao público em geral. Ele é fruto da tentativa de aperfeiçoamento da técnica de

---

10. LEANDRO, Paulo R. *XIII Semana de Estudos de Jornalismo AUN* — Bol. Especial 26.06.86, p. 7 — por João Carlos Cabral, artigo "Brasil exporta jeito de fazer telejornalismo".
11. "Vitória de notícia", *Veja*, 05.09.84, p. 54.
12. *Idem*.
13. MELLO E SOUZA, C., ob. cit., p. 208.

redação telejornalística, feito a partir da necessidade de orientar a redação nos telejornais daquela emissora. A única obra que esquematiza as conclusões quanto às técnicas de redação para telejornal é o livro *Quinze anos de história* — *JN*, que, inclusive, apresenta todas as normas do Manual da Rede Globo, com pequenos comentários do autor.

Uma das orientações contidas no livro e no Manual de Redação é quanto ao artigo. Recomendam o uso do artigo, que se tornou um pouco esquecido por causa da redação para jornalismo impresso, que, para economizar espaço nos títulos, evitava o uso de artigos. No telejornalismo, os artigos *o, a, os, as* são imprescindíveis, já que notícia para televisão é linguagem falada, é conversa. Eles lembram que "na conversa ninguém fala em linguagem telegráfica, suprimindo artigos"[14]. Com relação ao uso de artigos na redação telejornalística, podemos afirmar que esta não é mais uma regra fixa, definitiva, já que muitas vezes o principal telejornal da emissora tem apresentado mistura híbrida de uso e dispensa do artigo nos títulos de matérias do *Jornal Nacional*. Exemplos: usaram "Dívida externa" e não "A dívida externa"; usaram "Pânico em Nanticoke" e não "O pânico..."; "Rebelião na penitenciária" e não "A rebelião..." O que se pode perceber é que isto tem acontecido numa procura de não rotinizar a redação e de diversificar criativamente a apresentação das notícias, visando maior variedade de títulos para os telespectadores. Esta procura da diversificação e da criatividade leva às vezes a alguns excessos. Em transmissão recente, o *Jornal Nacional* informou que "os brutos também amam", numa clara referência ao título de um filme de longa metragem. A matéria tinha relação com um fato inédito que aconteceu na cidade de Southampton, quando uma criança caiu dentro de uma jaula de gorilas. O texto dizia que ela foi "cuidada e acariciada pela gorila, mãe de dois filhotes..." Felizmente a criança

14. *Idem*, p. 212.

A EXPRESSÃO É CINÉTICA 69

foi salva, que, no fundo, era o que interessava contar. O manual de Redação da Rede Globo, no que diz respeito ao uso de adjetivos, afirma que "nunca se deve usar adjetivos simplesmente para embelezar a frase". Esta afirmação também está no livro *Quinze anos de história* — *JN* [15], que, entretanto, apresenta exemplo questionável. Ele indica que o certo é escrever: "O baixinho Teng Hsiao-Ping..." Ora, se isto fosse válido, o mesmo deveria ser verdade com outros casos, como por exemplo: "O ditador Pinochet..."; "...o narigudo presidente dos Estados Unidos, Ronald Reagan...", etc. Concluo então que se o exemplo não é aconselhado num sentido, não deverá ser também usado em outro.

Tanto o manual como o livro *Quinze anos de história* — *JN* apresentam algumas normas fundamentais para a redação do telejornalismo. Vamos relacionar algumas: "Jamais comece uma frase com gerúndio". Isto é extremamente válido, e a não-observância desta regra pode desinteressar o telespectador. O exemplo apresentado é que em vez de: "Interrompendo uma trégua que já durava três dias, os palestinos e os israelenses voltaram a combater hoje em Beirute", deve-se redigir: "Os palestinos e os israelenses voltaram, hoje, a combater em Beirute, interrompendo uma trégua que já durava três dias"[16].

Outra recomendação válida é a de que não devemos confundir o demonstrativo *este* com o demonstrativo *esse*. A explicação que fornecem as duas obras é simples e óbvia: "Este é o que está próximo. Esse, o distante". É também importante a sugestão quanto ao uso do futuro do indicativo. É preferível o uso do futuro composto ou o presente do indicativo na redação telejornalística. É melhor dizer: "O presidente viaja amanhã" do que dizer "O presidente viajará amanhã". Ou então: "O governador vai dizer, na semana que vem..." em vez de "O governador dirá na

---

15. *Idem*, p. 213.
16. *Idem*.

semana que vem..."[17].

Outras propostas válidas dizem respeito ao uso da hora, moedas e velocidades, nomes de lugares, as palavras esposo, esposa, pois, porque, os nomes próprios, a grafia dos números, personalidades, possessivos, pronomes pessoais, repetição de palavras e o tempo da redação[18].

Na redação para telejornal deve-se tomar cuidado especial com as palavras de duplo sentido. É o caso de palavras que quando escritas têm significado preciso mas quando lidas poderão apresentar significado dúbio. Por exemplo: o verbo "provocar" e o verbo "provar", quando o verbo provocar toma a forma imperativa, "provoque", e o verbo "provar" fica no presente do indicativo, "provo que". Outro exemplo é com o verbo "ceder". No pretérito fica "cedeu", e pode ser confundido com "se deu". Quando falada, a palavra "incomum" pode ser confundida com a palavra "em comum". Confusão poderá também acontecer com o futuro do verbo "dever". Ele fica "deverão", que poderá ser confundido com a estação "de verão". "Atenção" pode ser confundida com "a tensão", "Alceu" com "ao seu". Estas são mais algumas das atenções que o telejornalista deverá ter ao redigir para a televisão.

Estamos explicando como o jornalista deve redigir, mas quais são as fontes de notícias de que dispõe para executar o seu trabalho? Marc Paillet afirma que "qualquer serviço de informações recebe uma quantidade de mensagens muito diversificada: primeiro, ele é assinante de um serviço de agências cujos múltiplos teletipos fornecem diariamente dezenas e dezenas de milhares de palavras, sem trégua nem repouso, dia e noite. Recebe a imprensa nacional e internacional, boletins, revistas, publicações oficiais, uma inundação de papéis onde, em algum lugar impre-

17. *Idem.*
18. *Idem*, pp. 213-216.

visto, pode-se encontrar a informação picante, o fato significativo"[19]. As fontes citadas pelo autor podem ainda ser acrescidas dos press-releases preparados pelos órgãos governamentais e pelas empresas em geral; a escuta dos noticiários dos radiojornais; dos eventos tradicionais que têm dia e hora para acontecer (como, por exemplo, as comemorações do dia da Independência, da realização de eleições, da vinda do papa...), e também material enviado pelas agências nacionais e internacionais de notícias.

Para a redação das notícias nacionais, os profissionais de telejornalismo contam com agências nacionais tais como: a Agência JB (do *Jornal do Brasil*), Agência Estado (d'*O Estado de S. Paulo*) e também da Empresa Brasileira de Notícia (EBN). Para a redação do material internacional, as principais agências são: a United Press International (UPI), a Associated Press (AP), a France Press (FP), a Reuters e a Tass. As notícias com imagens são do sistema Visnews: trata-se de um consórcio europeu que compra e vende uma quantidade diária fixa de eventos internacionais com imagens. A maioria das emissoras brasileiras compra 10 minutos diários desse único fornecedor. O bloco de notícias da Visnews normalmente chega, via Embratel, no final da tarde, todos os dias, inclusive aos sábados.

As notícias apresentadas em um programa telejornalístico podem ser classificadas em três grandes grupos: as notas simples, as notas cobertas e as aberturas e encerramentos para matérias editadas.

As *notas simples* são matérias redigidas a partir do material das agências nacionais ou internacionais; do rádio-escuta; do material previamente pautado que não foi alvo de reportagem externa; de informantes ocasionais, ou mesmo de material dos press-releases recebidos na redação. Trata-se de noticiar qualquer fato ou evento que seja interessante veicular no telejornal. Normalmente, são matérias curtas, que

19. PAILLET, M., ob. cit., p. 172.

informam objetivamente o fato acontecido ou por acontecer. Não possuem imagens de cobertura nem de arquivo ou gráficas. A presença da imagem associada ao texto é própria da segunda grande categoria: a nota coberta. As *notas cobertas* são matérias basicamente como as notas simples, com a vantagem da inclusão da informação visual sobre o assunto enfocado. São tão objetivas quanto as antecessoras, mas possuem casamento perfeito com a imagem, permitindo maior aprofundamento e/ou detalhamento do assunto tratado.

O terceiro grande grupo é composto pelas *aberturas* e *encerramentos* de matérias editadas previamente, e que deverão ser lidas pelos apresentadores no estúdio antes da veiculação propriamente dita das notícias. Trata-se da redação que tem a finalidade de introduzir os telespectadores no assunto, de tornar o assunto mais fácil de se compreender, de mudar para uma nova informação, uma nova notícia. Este texto também tem que ter extrema objetividade, pois os assuntos serão aprofundados pela matéria editada, realizada pelos repórteres no palco da ação.

Toda e qualquer informação redigida pelo telejornalista tem que estar muito clara e ser facilmente compreendida por todas as pessoas envolvidas na produção de um telejornal. Isto requer alguma normatização para o momento de usar a lauda própria para a redação em telejornalismo. Em outra parte, apresentamos modelos de laudas-padrão para redação em telejornalismo e algumas indicações de seu uso.

Mas, para a devida utilização dessas laudas, os profissionais de telejornalismo deverão observar algumas regras básicas, comuns a todas as emissoras:

1. Redigir sempre na lauda própria para o telejornalismo.
2. Utilizar somente um dos lados da página (a parte de trás não deverá ser usada).
3. Redigir com letras em caixa alta (maiúsculas).
4. Usar espaço 3 na máquina de escrever.

5. Escrever sempre a máquina.
6. Não fazer os sinais gráficos e nem as marcações usadas para correções no jornalismo impresso.
Ex.: L Â S P I
Se houver erro na hora da datilografia, deve-se riscar completamente a palavra e escrever de novo.
Ex.: L Á P I S
OBS.: Aqui vale uma exceção: se for uma única palavra a ser substituída, a nova palavra poderá ser escrita a mão.
7. Redigir usando o lado direito da lauda, o existente dentro da moldura em negrito. O da esquerda deverá ser utilizado para as informações técnicas.
8. Não dividir uma palavra de uma linha para a seguinte. É preferível deixar espaços em branco, e ocupar a linha de baixo, do que cortar palavras. Elas poderão confundir o apresentador na hora da leitura do texto.
Ex.: Se divididas, as palavras "ESTA DUAL"; "GRATIFICA ÇÃO"; "TOMA DA", etc., podem trazer problemas na hora da leitura, pois têm vida própria.
9. Muita atenção para a divisão da frase de uma linha para a seguinte. Não truncar o sentido da frase, o que poderá levar o apresentador a ler o texto com entonação errada.
Ex.: O DELEGADO SAIU E VIU O CARRO
   AZUL QUF ESTAVA ESTACIONADO.
OBS.: Se por ac ̃o o apresentador ler a primeira linha e parar, a frase fica valendo. Só que ao retomar o texto verá que a pontuação ficou errada.
10. Não abreviar nomes de entidade ou empresa desconhecida. Afinal, falar DNOCS no ar, além de ser totalmente desconhecido da população, é também difícil de se ler. Algumas siglas existem, têm vida própria e são válidas. É o caso de INAMPS, FIESP, etc.
11. A duração da notícia em telejornalismo é medida, na redação, pela duração de cada linha redigida na lauda própria. Para as laudas com 32 to-

ques, a duração média para a leitura do total das linhas é de 2,5 segundos por linha. Para as laudas de 45 toques a duração média é de 3,5 segundos por linha. Uma observação importante é que este tempo é médio, valendo inclusive para linhas parcialmente ocupadas.

12. Não existem as aspas, parênteses, colchetes e outros recursos gráficos no jornalismo impresso. No caso da referência no texto a alguém que fala, é sempre fundamental enfatizar quem fala, e lembrar isso sempre que mudar de frase, deixando claro quem afirma o que se está colocando no texto.

O TELEJORNALISMO E A REPORTAGEM

"A glória de um repórter dura menos
que a digestão de uma feijoada."
David Nasser - "Luz de vela", *in
Revista de Comunicação*, nº 10,
ano 3, pp. 12-13, 1987.

O jornalismo viu nascer, nos últimos tempos, um novo tipo de profissional, um elemento diferente dos demais. Nas entrevistas se tornou comum a presença desse personagem que tem preocupações que o individualizam dos seus companheiros. Além disso, faz perguntas extremamente objetivas e sempre necessita realizar seu trabalho antes dos outros. Muitos profissionais da imprensa escrita acham-no, inclusive, inconveniente e até desrespeitoso, pela maneira agitada e apressada de atuar. Esse novo profissional, o *repórter de telejornal*, nunca está só, como é o caso do companheiro de rádio, ou com fotógrafo, caso da imprensa escrita. O repórter de televisão está sempre acompanhado de uma equipe composta por mais quatro profissionais. Para complicar, porta equipamento incômodo para todos quando produz entrevistas ou reportagens coletivamente. Este profissional, que tem ainda de se preocupar com a aparência e luta cotidianamente contra o tempo, é a partir de agora o nosso sujeito.

Inicialmente, vamos indicar quais são as principais diferenças existentes na prática da reportagem de televisão e da imprensa escrita. O repórter Caco Barcelos, da Rede Globo, afirma que "em televisão, o importante é chegar com a coisa acontecendo. Em jornal, ou revista, você poderá reconstituir o fato, além de ter maior liberdade para investigar. Na televisão, a gente chega sempre seguido de um batalhão (a equipe), e não há discrição possível"[1]. Além de não ser possível esconder uma equipe de televisão — que é muito maior que a de imprensa —, a excitante luta contra o tempo faz com que todos, do repórter ao iluminador, trabalhem de modo diferente na tentativa de contar e mostrar os fatos "ainda acontecendo", ou que acabaram de acontecer "há muito pouco tempo".

O telejornalista não poderá "reconstituir" os fatos para mostrá-los — ainda em ação — para os telespectadores, pois os elementos televisivos essenciais da notícia poderão não mais estar presentes no palco do acontecimento. O folclore do telejornalismo registra o caso do repórter de uma emissora de televisão paulista que chegou à Praça da Sé momentos depois da primeira manifestação pela abertura e volta à democracia, fortemente reprimida pela polícia. Ele implorou, aos poucos populares que ainda se encontravam no local, para tentarem reproduzir "os ares" da manifestação. O repórter se esforçou bastante e foi, inclusive, solicitar ao padre da Catedral que o ajudasse no seu intento. Obviamente, ele nada conseguiu, e acabou realizando um simples boletim sobre o fato. Sem imagens que demonstrassem a verdadeira dimensão dos elementos sociais em atrito.

Podemos concordar que, mesmo na TV, é sempre possível descrever o que aconteceu num determinado palco de ação. Mas este recurso poderá diminuir a força dramática da telenotícia. Para realizar uma matéria, a repórter Ana Maria Badaró pondera que "o repórter passa bem a informação se o corpo, a ex-

---

1. "Na TV, o jornalista é também estrela", *Folha de S. Paulo*, 18.02.85.

pressão facial, mão e voz estão atuando em harmonia"².

Seu desempenho deve ser similar ao do ator de teatro ou de televisão ao conviver com palcos de ação e situações que mudam constantemente e que, muitas vezes, trazem perigo à sua própria vida e à da equipe que o acompanha. Esta é uma das diferenças básicas no exercício da reportagem telejornalística. Tal situação não acontece com o profissional da imprensa escrita. É freqüente o repórter redigir seu texto horas depois de o fato ter acontecido, após levantar dados complementares e ter checado informações que, num primeiro momento, eram verdadeiras, mas que não suportavam uma segunda análise.

Muitas são as atribuições de um repórter de televisão. Por exemplo, deverá realizar a(s) entrevista(s) com as pessoas indicadas pela chefia de reportagem. Na ausência de indicação ou ainda de mudança nos rumos dos acontecimentos, deverá encontrar a pessoa certa, aquela que tenha ideais condições de dizer coisas relevantes sobre o assunto. Isso nem sempre é fácil de se decidir, pois requer especial grau de concentração, agilidade, intuição e coragem para "apostar" no escolhido. O repórter deverá desenvolver a capacidade de achar e escolher a pessoa ideal para falar, e que, além disso, saiba expressar seu pensamento de forma clara e concisa. Falando pouco e bem, enfim, que consiga dar seu "recado" curta e objetivamente. O repórter de televisão não pode deixar o entrevistado falar à vontade, usando o tempo que queira para desenvolver uma idéia. Na realização da reportagem ele deverá memorizar o tempo que o entrevistado está levando para responder a cada pergunta. E saber escolher o momento certo de interromper o entrevistado para apresentar mais uma questão — visando maior objetividade — ou ainda formulando nova pergunta, para melhor desenvolvimento do assunto. Para isso, é preciso saber interromper a entrevista. A

---

2. Ana Maria Badaró, "Venturas e desventuras do repórter eletrônico", in Revista de Comunicação n.º 9, p. 14.

repórter Ana Maria Badaró afirma que "interromper uma entrevista é uma arte que quase sempre se transforma numa aventura. Não há técnica que livre o repórter de televisão da inconveniência de cortar o entrevistado e passar a outro assunto sem o risco de deixar de ouvir o mais importante que ele ainda não havia dito"[3].

Outra das atribuições do repórter de televisão é a produção dos contraplanos. Os contraplanos são enquadramentos onde o repórter, obedecendo à regra dos 180° (descrita a página 141), refaz as perguntas inicialmente apresentadas ao entrevistado. São planos fundamentais para a hora da edição do material. Para isso, o repórter deverá ter memorizado ou anotado em algum lugar todas as perguntas realizadas no início da reportagem. Se for possível, e o entrevistado puder esperar um pouco mais, o repórter deverá realizar os contraplanos com ele mesmo. Se não contar com a presença do entrevistado, deverá realizar o contraplano sozinho. É uma situação no mínimo embaraçosa para o repórter: na ausência do entrevistado, ele estará falando "para ninguém", para o vazio à sua frente. Dependendo da situação, isto pode ficar muito engraçado de acompanhar, e tornar-se motivo de pilhéria da parte de populares.

Ele deverá ainda realizar abertura e encerramento da reportagem no palco da ação, com informações claras e interessantes para os telespectadores. Tudo muito bem dosado e interligado, com "pontes" que façam evoluir a matéria sem repetir informações. Sobretudo quando houver mudança do palco da ação, pois, geralmente, a reportagem é feita num local, a abertura em outro e o encerramento em um terceiro. As mudanças de cenário são importantes e úteis para a matéria, pois, conforme Peter Ruge, "as mudanças de cenário podem constituir excitadores formais da tensão narrativa"[4].

3. Ana Maria Badaró, ob. cit., p. 14.
4. RUGE, Peter, *Practicas de periodismo televisivo*, Pamploma, Ed. Universidad de Navarra, 1983, p. 40.

O TELEJORNALISMO E A REPORTAGEM 79

Ainda no que diz respeito às atribuições do repórter de televisão, ele deverá também realizar texto em off. Trata-se da parte constituída somente de informações em áudio, sem imagem do repórter ou do assunto em pauta. Entretanto, o repórter de televisão deve levar em conta que o texto em off servirá para aprofundar o tema tratado em todas as suas dimensões e deverá ser ilustrado, na edição, com imagens sobre o assunto. Por isso, é importante manter com a equipe estreito "cordão umbilical", para que as informações em áudio complementem as visuais e não simplesmente as repitam. O repórter deverá também tomar cuidado para que o texto produzido não seja redundante como um audiovisual de nível primário. E não pode esquecer: períodos curtos, palavras curtas e claras, apresentando sempre uma idéia central por período.

Estas são as principais atribuições do repórter de televisão na produção de entrevistas e coberturas de assuntos em externa. Com um detalhe importante: a constante e nem sempre imperdível luta contra o tempo. Por isso, deverá sempre chegar à emissora em tempo de a matéria ser editada, para que possa entrar no telejornal previsto. Todo e qualquer argumento para chegada atrasada à emissora será considerado — mas será inútil se a matéria não for veiculada. A situação será agravada se os concorrentes falarem do assunto e o mostrarem com reportagem externa bem editada. Se tudo correr bem, o trabalho de um dia inteiro, às vezes sem descanso ou refeições, será reduzido à verdadeira dimensão da notícia telejornalística: a informação clara, precisa e objetiva do telejornal. O repórter André Luiz, da Rede Globo, passou por uma experiência documentada pela revista *Veja*: "No final, as quase sete horas de trabalho do repórter e sua equipe se transformaram numa notícia de 1 min. 23 seg."[5].

O repórter tem lugar assegurado hoje na produção de matérias para a televisão. Mas, no início, com as

5. "Vitória da notícia",*Veja*, 05.09.84, p. 52.

dificuldades de convencer os repórteres, que freqüentemente vinham do jornalismo impresso, a aparecerem no vídeo, e ainda na ausência de uma linha de jornalismo que "valorizasse o jornalista", a situação era indefinida para essa área profissional. Naquela época, o repórter não tinha outra função além de segurar o microfone e fazer perguntas que quase nunca iam ao ar. A diretora de Jornalismo da Rede Globo, Alice Maria, lembra que, nos "primeiros anos da reportagem, o repórter era apenas 'uma pergunta'. Ele não aparecia. Ninguém lhe ouvia a voz, e muito menos lhe via o rosto"[6]. Hoje, a situação é bem diferente, e são raras as ocasiões sem a participação "viva" do repórter na matéria. Inclusive se tornou freqüente a presença de repórteres setoristas dentro do telejornalismo. Este tem sido um caminho seguido pelas emissoras, já que o público passou a identificá-los com certos tipos de matérias e eles se tornaram confiáveis para tratar de assunto específico.

Os repórteres de televisão têm que cuidar ainda, de forma especial, da sua vida pessoal, já que são familiares à população. Aonde chegam são logo reconhecidos por todos, o que lhes traz vantagens, mas também alguns embaraços. O jornalista Clóvis Rossi afirma que "o jornalista de jornal raramente é conhecido do público, mesmo daquele público que o lê freqüentemente. No máximo, seu nome será conhecido por seus leitores mais fiéis, mas ele jamais será, por exemplo, reconhecido na rua. Com o pessoal da televisão, acontece o contrário: sua fisionomia acaba se fixando do na mente do telespectador quase como se fosse um astro de telenovela"[7].

Esse reconhecimento público traz aos repórteres de televisão muitas responsabilidades, ou mesmo certas vantagens. Mas também ocasionais incômodos. Simples ou radicais, já que muitas vezes os populares os confundem com a política da emissora. Eles são

6. MELLO E SOUZA, C. ob. cit., p. 284.
7. ROSSI, Clóvis. Vale a pena ser jornalista?, p. 43.

sempre o "alvo possível" para a demonstração do carinho ou do ódio da população em relação à forma como as notícias estão sendo mostradas no vídeo. Como exemplo prático desta situação, lembro que recentemente os telejornalistas da Rede Globo enfrentaram problemas nas ruas e também no seu trabalho por causa da indiferença da emissora em abordar ou até mostrar a verdadeira dimensão do movimento pelas Diretas-Já. O repórter Ronald Carvalho passou por uma situação no mínimo delicada quando tomou um táxi no Rio de Janeiro. Ele foi reconhecido no final do ano passado pelo motorista quando solicitou uma corrida na véspera da greve geral do dia 12 de dezembro de 1986. O jornalista Paulo de Tarso conta a situação: "O motorista olhou bem para ele e disparou: — O senhor trabalha na Globo, não é? — Trabalho sim, por quê? — O senhor vai fazer greve amanhã? — Ronald escapou por pouco: — Vou, vou sim. — Ainda bem. Se o senhor dissesse que não ia fazer greve, eu ia lhe dar uma porrada"[8]. Quer dizer, para demonstrações de estados de espírito conflitantes — a admiração e o desprezo —, os repórteres de televisão podem ser os alvos catalisadores possíveis das emoções populares.

Para poder se safar de todas as situações embaraçosas, o repórter de televisão tem que ter muita astúcia, sabedoria e senso de oportunidade. Para realizar as reportagens e obter o máximo delas, ele deverá complementar as qualidades próprias do veículo eletrônico com as dos seus similares impressos. A diretora de Jornalismo Alice Maria, da Rede Globo, que também foi repórter, revela que o repórter "vai ter de usar tudo quanto se exige normalmente de um bom repórter de jornal de papel: tem de ter garra, ter informação, bom texto, saber apurar, ter boas fontes de informação. Além disso, tem de ter o quê? Uma bela imagem"[9]. A questão da aparência é importante para o jornalismo eletrônico, pois ao ser enquadra-

8. TARSO, Paulo de. *O Nacional* nº 10, 18/24.03.87.
9. MELLO E SOUZA, C., ob. cit., p. 287.

do e captado pela câmara, o repórter não poderá parecer inibido, indeciso, inseguro e, muito menos, "fotografar mal". Esta questão levanta discussões, às vezes acirradas, entre os profissionais do telejornalismo: afinal, beleza é fundamental ou é secundária? Paulo Francis, quando relata as peculiaridades do telejornalismo americano e a atuação da repórter e apresentadora Diane Sawyer, que, por sinal, acabou se tornando a primeira anchor-woman dos EUA, afirma:"Talvez só tenha prestado atenção em Diane, louríssima, mas sem um pingo de maquilagem, de calças compridas e blusa larga, fazendo tudo para ser levada a sério como repórter e para não ser tida como objeto sexual. Não adianta. A gente a ouve falando de todas aquelas coisas sérias e o que se pensa não é nada sério, ou ao menos publicável..."[10]. Um dos dez mandamentos que governam o telejornalismo americano, pesquisados pelo professor Frank Reed e citados em documentário realizado pela Central Globo de Jornalismo em Nova York, conclui que "os telejornalistas negam que beleza seja condição para as mulheres trabalharem em televisão... Mas quando é preciso decidir entre um careca feio e uma loira bonita... os produtores derrubam o careca"[11].

Alice Maria complementa: "Além disso tudo, tem que ter uma virtude fundamental. Chama-se humildade. Se a pessoa não for humilde, ela está liquidada"[12]. Pessoas arrogantes e de relacionamento difícil quase sempre afastam as outras de si. E isso é prejudicial ao repórter de televisão. Ele necessita se relacionar, sem afetações, com os entrevistados para poder realizar as reportagens e as entrevistas de forma ideal e acertada. Uma coisa é segura: o repórter de vídeo tem que ser simples, ter equilíbrio plástico, qualidade de comunicação verbal para poder ocupar um posto em

---

10. FRANCIS, Paulo. "A fama e a glória de Diane Sawyer", *Folha de S. Paulo*, 06.06.87, p. A42.
11. Central Globo de Jornalismo — Nova York, videodocumentário - 82.
12. MELLO E SOUZA, C. ob. cit., p. 289.

um telejornal de importância. Pode se concordar que um pouco de vaidade pessoal pode ser ideal para conquistar a confiança do telespectador. O repórter Ronald de Carvalho esclarece que "há todo um lado narcísico na minha atividade profissional. Quem não acha bom ser reconhecido na rua e virar objeto de admiração popular?"[13]. Quer dizer, o repórter de televisão deverá ter garra, bom texto, desinibição, objetividade, segurança, humildade, educação, e ainda por cima domínio do seu aspecto visual.

Sabemos que não se trata somente de ter um belo visual, conseguir ser claro e saber dizer o texto corretamente. É necessário que o repórter de televisão saiba abordar corretamente o assunto pautado. Que tenha intuição para selecionar o que é realmente importante para a reportagem e saiba decidir, eliminando o dispensável da matéria. Para isso, ele conta na emissora com um setor importantíssimo para o seu trabalho: a Chefia de Reportagem.

A Chefia de Reportagem é a parte mais importante do levantamento e da produção de matérias para o telejornalismo. É, pode-se dizer, o coração de todo o processo de produção de notícias com imagens e entrevistas, na retaguarda e no palco da ação. Os americanos chamam de "Assignement Desk" a função da Chefia de Reportagem. É deste setor que parte a decisão final de cobrir ou não um determinado assunto. O responsável pela chefia, de acordo com as necessidades dos editores-chefes dos telejornais e em concordância com a Direção de Jornalismo, é quem organiza a cobertura diária dos assuntos pautados, orienta os jornalistas na maneira adequada de abordar os temas e indica qual o aspecto deles que interessa naquele momento. Ele tem também a incumbência de informar aos repórteres qual a duração aproximada das matérias e também a variação possível para as suas entradas ao vivo.

13. *Idem*, p. 187.

Nas reuniões de Chefia de Reportagem, realizadas durante o dia, são determinados os assuntos da pauta para cobertura com reportagens externas. A pauta é o levantamento diário dos assuntos que podem ser objeto de reportagem e que, de forma previsível, vão acontecer naquele dia. É função da Chefia de Reportagem checar se não existem novidades nos assuntos pautados na véspera e, a partir de levantamentos por telefone, marcar ou confirmar entrevistas para os repórteres. Antes de sair para a rua, o repórter deve conversar detidamente com a Chefia de Reportagem e se informar da abordagem ideal, naquele momento, do assunto em questão.

Nos Estados Unidos, os repórteres não precisam se dirigir às emissoras para se inteirar dos assuntos pautados e da forma de abordagem das matérias. Mas, no Brasil, este é um hábito costumeiro. Não raro, os repórteres têm, inclusive, que assinar ponto de presença na emissora. A presença do repórter na emissora é um costume comum na totalidade das emissoras brasileiras, e tem muito a ver com a nossa maneira de fazer telejornalismo. O contato pessoal entre a Chefia de Reportagem e o repórter tem também a intenção clara de, além de fornecer objetivamente os alvos e abordagens a serem seguidos, poder controlar o trabalho e o desempenho das equipes de externas.

A produção de reportagem para o telejornalismo requer muita atenção, pesquisa, checagem, além de muito profissionalismo da parte de todos os envolvidos no processo. Apesar de todo o cuidado, na prática da reportagem externa os problemas aumentam, e as dificuldades se avolumam assustadoramente. A equipe é grande: são, no mínimo, quatro profissionais que trabalham com equipamento pesado, de delicado manuseio, e que freqüentemente apresenta problemas nas horas mais impróprias. São quatro profissionais: o cameraman ou cinegrafista, o auxiliar (que se encarrega do aparelho de videoteipe), o iluminador (que se desincumbe da iluminação da cena) e, obviamente, o repórter. O tamanho da equipe de televisão é um fator que inibe os entrevistados e traz incômodo para todos os envolvidos na reportagem.

É possível passar despercebido numa reportagem investigativa ou num momento que requeira discrição do jornalista para saber qual a verdadeira dimensão dos fatos. Marc Paillet concorda com isso, e afirma que, "a rigor, uma testemunha sem aparelhagem pode manobrar em terreno proibido. Mas não é possível dissimular uma câmara de televisão..."[14]. A presença da grande equipe, do equipamento e da luz pode inibir as pessoas, ou ainda levá-las, numa tentativa de aparecer em veículo tão atraente como a televisão, a dizer coisas não-comprováveis e que podem prejudicar a matéria. Quando perguntado se "a presença da televisão criava uma notícia", o responsável pela Central Globo de Jornalismo, o jornalista Armando Nogueira, afirmou: "Se você sai com uma câmara e vem uma passeata pela avenida, ela vem bem comportada; quando você acende a luz e bota a câmara na direção, eles se inflamam e fazem uma algazarra, que é irreal"[15]. Esta é uma situação facilmente comprovável em manifestações populares. A televisão exerce grande fascínio sobre as pessoas, que sabem da força da sua comunicação.

Na grande maioria das vezes, a reportagem externa é realizada para ouvir pessoas que tenham alguma opinião sobre os fatos importantes do dia. Para isso, o repórter precisa encontrar e entrevistar pessoas que tenham, de alguma forma, participado ou presenciado algo que mereça ser divulgado. Nos fatos ocorridos em locais públicos, sempre que uma equipe de televisão aparece, muitas pessoas, querendo ver sua opinião ou rosto no vídeo de casa, se dispõem a falar. O repórter de televisão precisará, então, ter bom discernimento para escolher e entrevistar a(s) pessoa(s) realmente categorizada(s) a falar sobre o as-

14. PAILLET, M., ob. cit., p. 173.
15. FORNES, Andréa. "O outro lado do jornalismo da Globo", *Folha de S. Paulo*, 05.09.87, p. A-25.

sunto em questão. Se não souber fazê-lo, poderá prejudicar a matéria. Toda entrevista tende a se transformar numa espécie de jogo de inteligência. De um lado, o entrevistador, disposto a declarar apenas aquilo que interessa a si, à empresa ou entidade pública a que pertence, e, do outro, o repórter, tentando obter o máximo de informações significativas para a sua audiência. Maury Green revela que "todo repórter tem que usar de psicologia no contato com os entrevistados, porém o repórter de televisão tem que recorrer muito mais à psicologia que a maioria de seus colegas dos outros veículos"[16]. Isto se torna evidente na prática da reportagem televisiva, já que muitas pessoas ficam nervosas diante do equipamento e não conseguem desenvolver o tema da reportagem. Elas podem, inclusive, ficar totalmente bloqueadas no momento da entrevista, e vão, seguramente, dar resposta pouco conveniente aos telespectadores. Para evitar isso, o repórter de televisão deverá usar de psicologia e colocar o entrevistado à vontade na presença dele, repórter, da equipe e do equipamento. Se for preciso, poderá adiar por alguns instantes a realização da reportagem, até que o entrevistado tenha recuperado o bem-estar físico e mental.

A missão do repórter de televisão é dar tranqüilidade ao entrevistado, fornecendo condições para que ele fale confortavelmente, a fim de obter a informação desejada. Carlos Drummond de Andrade, numa de suas raras entrevistas, sabiamente disse: "As entrevistas são trocas de palavras em que um formula ao outro perguntas cujas respostas já conhece de antemão"[17].

A televisão, pelas suas características próprias, desperta insegurança nos entrevistados, na medida em que eles terão o rosto e a voz gravados na fita de

---

16. GREEN, Mary. Periodismo em TV, p. 223.
17. LORENZ, Gunter. *João Guimarães Rosa*, Buenos Aires, Ed. Ped. e Universitária, 1970.

vídeo que irá ao ar. Além disso, deixará claro como ele se desincumbe e desenvolve o raciocínio na hora de explicar o fato ou a posição desejada. No sentido geral, as pessoas são preocupadas em como vão parecer publicamente. E isto se evidencia na televisão, já que ela atinge uma quantidade de pessoas significativamente maior que os jornais e as revistas. Para dar tranqüilidade ao entrevistado, o repórter de televisão deverá, inicialmente, explicar o motivo da reportagem, ouvir a opinião do entrevistado sobre o assunto e combinar com ele a melhor forma de encaminhar a entrevista. Pode parecer "entreguismo" da parte do repórter de televisão, mas uma coisa é segura: ele não deve dar a impressão de que veio a fim de obter resposta sensacionalista que, no fundo, pode prejudicar o entrevistado. Se der essa impressão, o entrevistado pode não concordar em recebê-lo novamente. E o repórter poderá estar perdendo uma grande fonte de informações. É claro que ele não deverá simplesmente ouvir o que o entrevistado deseja falar e concordar com ele. É sua função "negociar" com o entrevistado, dando-lhe chance de dizer o que deseja e também satisfazer os interesses do próprio repórter no encaminhamento da entrevista, e os alvos definidos pela Chefia de Reportagem.

O repórter de televisão deverá ainda, e sempre que possível, obter o máximo de informações sobre o entrevistado e sua importância no cenário político, econômico, social ou cultural do país. Enfim, deverá descobrir e avaliar a credibilidade do entrevistado para falar sobre o assunto para o qual foi procurado e que se dispõe a abordar. É fundamental também que o repórter de televisão obtenha a confiança e disposição do entrevistado para a entrevista em questão, pois, se ele não se convencer da sua oportunidade e importância, seu desinteresse poderá ficar claro quando do a reportagem for ao ar.

Algumas regras básicas devem ser seguidas pelo repórter de televisão:
1) O repórter deve estar o mais atualizado possível

sobre os assuntos que podem ser pauta no dia-a-dia do telejornalismo.

2) É importante que tenha conhecimento do pensamento da empresa para a qual trabalha sobre todos os assuntos, principalmente os de relevância e os que envolvem a classe política e econômica a nível regional e nacional. Isso vai, seguramente, facilitar o seu trabalho.

3) No trato social das pessoas, deve identificar-se educadamente no primeiro contato com o entrevistado. O contato inicial é sempre importante em qualquer entrevista, e precioso para o sucesso, no caso de telejornal.

4) O repórter de televisão deverá sempre ser pontual com os horários acertados com os entrevistados. O atraso poderá provocar indisposição dos entrevistados para com a reportagem programada.

Algumas pessoas acreditam que o mistério é peça importante na reportagem. Mas, no telejornalismo, não se deve seguir esse raciocínio. Por isso:

5) O entrevistado deve sempre ser informado sobre a razão por que ele foi procurado para dar uma entrevista.

Outra regra básica que o repórter de televisão deverá seguir é a de, quando necessário:

6) Tentar ajudar o entrevistado a esclarecer suas opiniões, e quando ele se distanciar do assunto, reconduzi-lo ao eixo da entrevista.

Outra circunstância que poderá ser somada às anteriores é o fato de que:

7) O repórter de televisão deverá escutar atentamente o que o entrevistado declara na entrevista para poder complementar, com novas perguntas, o que inicialmente tinha programado realizar. É comum presenciar situação na qual o repórter não consegue prestar atenção no que o entrevistado

O TELEJORNALISMO E A REPORTAGEM

diz e realizar pergunta totalmente diferente do que deveria. Muitos entrevistados têm o hábito de "dar uma pista" para o repórter, que, preocupado com a memorização da próxima pergunta, não percebe o jogo de inteligência proposto pelo entrevistado e acaba fazendo perguntas sem sabor lógico.

8) As perguntas realizadas pelo repórter de televisão deverão ser objetivas, claras e curtas. Isso deve ocorrer para a obtenção de respostas concretas e significativas.

9) Toda pergunta comporta uma resposta significativa. Muitas respostas poderão ser fornecidas, mas, seguramente, uma delas é muito melhor que todas as outras.

10) Toda resposta tem, em televisão, uma duração que se pode chamar de ideal, na qual o entrevistado "esgota" o assunto. Acima desse tempo, corre-se o risco de desinteressar o público telespectador. Uma regra corrente no telejornalismo norte-americano diz que se um entrevistado não consegue dar o seu recado em quinze segundos, ele vai ser, inevitavelmente, cortado do telejornal, ou sua resposta será editada para ficar dentro desse limite. Na maioria dos telejornais brasileiros, esse espaço é um pouco maior. No telejornalismo praticado pela Rede Globo, varia, em média, de vinte a quarenta segundos, podendo ficar acima desse limite em situações excepcionais. O telejornalismo da Rede Manchete tem como característica básica uma duração maior, tanto da fala do entrevistado quanto de toda a matéria.

Uma característica importante da prática da reportagem para telejornal deve ser ressaltada:

11) Se o entrevistado acabar falando "em círculos", inclusive reprisando o que já disse antes, mas, fundamentalmente, não abordando o assunto da maneira esperada, o repórter deverá interferir na res-

postas, tentando fazer com que seja clara e definida. Ou ainda formulando nova pergunta com outra ótica sobre o assunto.

12) É fundamental que o repórter não entregue, em hipótese alguma, o microfone para o entrevistado, pois este deverá estar em seu poder no momento em que decidir interferir.

13) Outra regra básica é demonstrar real interesse por tudo o que o entrevistado estiver dizendo. Mas um detalhe tem que ser observado: demonstrar interesse não quer dizer, de nenhuma forma, que o repórter deverá concordar com o que o entrevistado estiver dizendo, ou ainda com seus pontos de vista.

14) O repórter de televisão deverá acompanhar o raciocínio exposto pelo entrevistado e não deverá, em hipótese alguma, sacudir a cabeça em movimentos de concordância ou discordância. O repórter não deve deixar passar a sensação de que participa de "uma conversa de comadres", e sim de que está ali para obter opiniões objetivas sobre algum assunto relevante.

15) O repórter de televisão não deverá dar opinião sobre o assunto tratado quando estiver realizando a entrevista. É sempre bom lembrar que quem deve falar é o entrevistado, pois, é dele que o público aguarda as informações e quer saber a opinião.

16) Se ficar evidente que o entrevistado está mentindo ou ainda se desviando acintosamente do assunto, é dever do repórter de televisão forçá-lo, obviamente que com sabedoria e educação, a aprofundar a resposta adequadamente, ou ainda a abordar algum aspecto no qual ele esteja evitando tocar.

17) Uma regra básica da entrevista para telejornal é freqüentemente desrespeitada: é comum os repórteres perguntarem ao entrevistado: "como o senhor vê..." Isso já foi bastante debatido no tele-

jornalismo, mas sempre leva algum repórter mais desavisado a uma situação embaraçosa: pessoas maldosas podem responder que... "Vejo bem; no olho esquerdo tenho 0,5 grau de miopia, e no direito, 0,25...". Este é um erro que pode ser facilmente contornado no jornalismo impresso, mas que derruba uma matéria no telejornal.

18) Por último, uma regra destinada a orientar o trabalho do repórter e sempre valorizada pela Chefia de Reportagem: deve-se procurar ouvir as partes envolvidas no assunto tratado. A conclusão final deve ser do telespectador. Para isso, ele necessita que lhe sejam apresentadas as opiniões em conflito, para poder avaliar e tomar posição quanto às dimensões do fato tratado.

EDIÇÃO

"O jornalista deve ter um tipo de imaginação e de noção espacial e visual. Deve trabalhar com a realidade, com as narrativas, os comentários, as análises, as fotos e as charges, isto é, coisas materiais. Deve transformar isto tudo num conjunto inteligível para o leitor, tanto intelectualmente quanto fisicamente."
Cláudio Abramo, *Folha de S. Paulo*, 09.11.84, p. 48.

Quando tratamos do papel do telejornalista, afirmamos que o jornalismo viu nascer, nos últimos tempos, um tipo diferente de profissional. Entretanto, podemos acrescentar que não se trata da aparição de um único tipo, mas sim de duas novas especializações que surgiram com a evolução do jornalismo na televisão.

O primeiro, anteriormente analisado, é o repórter de televisão, profissional que se aperfeiçoou e garantiu lugar na prática do telejornalismo. O segundo, que passamos agora a descrever, é o *editor de matéria telejornalística*.

O papel do repórter é a produção de matérias e entrevistas para o telejornal. O do editor de notícia e entrevistas em televisão é o de dar seqüência lógica à matéria produzida e que será divulgada pela emissora. É o responsável pela adequação e equilíbrio das informações contidas nas reportagens produzidas pelos repórteres. É o profissional encarregado pela dosagem da imagem com o texto e sua devida interação.

O editor de notícia tem que observar atentamente a carga emotiva e informativa das matérias preparadas para veiculação. Uma notícia com exagerada carga de emoção, visual ou auditiva, pode desequilibrar o telejornal, ou ainda provocar reações incontroláveis dos telespectadores. Armando Nogueira aconselha: "Se você não refletir antes, os espectadores farão com que você fique obrigado a refletir depois, em conseqüência de um sem-número de telefonemas de protesto e de indignação"[1]. Matérias jornalísticas com pesada carga emotiva e/ou informativa, com assuntos difíceis de assimilar, que podem não ser "digeridos", também poderão desinteressar o telespectador, que é, no fundo, o principal alvo do telejornal. Estes tipos de edição de notícias poderão provocar desconforto ao telespectador, se ele persistir em acompanhar o telejornal.

O editor de notícia tem que ter, além de experiência jornalística, tato profissional e clara compreensão das especificidades do meio eletrônico. E também interesse pela expressão e criatividade televisual e cinematográfica. Tem que dominar os recursos do texto eletrônico e ainda as formas de apoio visual disponíveis no telejornalismo, como, por exemplo, mapas, gráficos e ilustrações. Tem que ficar atento à adequada utilização desses recursos visuais e sua aplicação na compreensão da notícia.

Para o editor de notícias jornalísticas da televisão, é importante entender e se interessar pelas potencialidades da expressão cinética. Conhecer os mecanismos da arte do xadrez que, no fundo, constitui a base da montagem dos fragmentos da notícia. John Howard Lawson revela: "A montagem não é um processo criador independente; não pode alterar a realidade captada pela câmara; os pedaços de filme não são estáticos como um bloco de granito antes que o escultor o desperte para a vida"[2]. O autor disse isto há 23 anos e

1. MELLO E SOUZA, C., ob. cit., p. 52.
2. LAWSON, J. H., ob. cit., p. 233.

se referia especificamente à arte da montagem cinematográfica. Sabemos que, se a montagem não pode alterar a realidade captada pela câmara, pode, em contrapartida, valorizá-la com o uso das novas tecnologias visuais e também apresentá-la organizada de muitas maneiras diferentes. Esta é a responsabilidade do editor de notícias telejornalísticas: o exercício das possibilidades de narrar uma história. Afinal, como "vê" e pretende "apresentar" a realidade de determinado fato? É na edição que fica transparente a formação política, social e cultural do editor. Para não ser tendencioso em nenhum destes aspectos, ele deverá ter domínio da exata dimensão dos fatos e suas implicações em todos os níveis da sociedade. Sobretudo daqueles que o estão vendo.

É uma característica importante para a prática da edição que o editor de matérias conheça as diversas manifestações culturais existentes e avalie pessoalmente a dimensão dos acertos e desencontros sociais e políticos do país. E também do resto do planeta, se possível.

Especificamente, é interessante que aprecie o cinema como forma de expressão e criatividade. Que se preocupe com a forma e o estilo da montagem pela qual optou o diretor em determinado filme. E os motivos particulares que devem tê-lo levado àquela conclusão. São muitas as possibilidades de montagem para a finalização dos filmes. Qualquer um deles poderia, seguramente, ser montado de maneira diferente daquela que nos é apresentada. Esta é uma investigação intelectual que o editor deve ter sempre em perspectiva.

Para John Huston, "na vida real, passamos o tempo todo 'cortando'. Desvie os olhos de um lado para o outro da sala. Observe como, sem querer, você pisca. Isto é um corte. Você já sabe qual é o relacionamento espacial, não há nada de novo para descobrir ali dentro, por isso você 'corta' com as pálpebras"[3].

3. HUSTON, J., ob. cit., p. 409.

Existe relação entre a arte da comunicação cinematográfica e a fisiologia humana. Este é um princípio que deve interessar àqueles que utilizam a expressão cinética como forma de comunicação. Pelo seu poder de síntese e diversificação contínua de assuntos, a televisão acelerou o processo de narrar histórias utilizando-se das imagens, dos sons e do texto. A afirmação de John Huston, se válida para o cinema, que tem forma específica, mais lenta e detalhista de contar uma história, é, seguramente, importante para a narrativa televisiva.

A organização interna da notícia no telejornal segue também o princípio apresentado por Huston, no aspecto plástico. No do conteúdo do fato, é fundamental observar seqüência lógica na organização dos pedaços que compõem o todo, que é a notícia editada. Como nas outras formas de comunicação, John Howard Lawson cita Eisenstein: "Os pedaços de película devem se relacionar um ao outro, assim como as palavras precisam ter certa relação"[4]. Como na literatura, no cinema (e na comunicação cinética da televisão) a montagem das cenas tem que obedecer a uma seqüência lógica, que é a própria base do processo de comunicação cinética. Se assim não for feito, corre-se o risco de comunicar mal ou não comunicar. Na literatura, sem astuto e criativo domínio da forma de usar as palavras como suporte de comunicação, as intenções do autor podem cair no vazio. O mesmo é válido para a comunicação televisual.

Apesar de enunciar o fato de que existem múltiplas possibilidades de combinar as cenas que compõem a narrativa televisiva (os pedaços, citados por Eisenstein), é possível afirmar que existe uma forma correta e apropriada de apresentar determinada história. No telejornalismo, a forma correta pode ser definida como aquela que conta a história na seqüência lógica, crescente, clara, e,... *no tempo certo*. É fácil concordar com os três primeiros postulados: seqüên-

---

4. LAWSON, J. H., ob. cit., p. 232.

cia lógica, crescente e clara. Mas como aceitar a definição de delimitação do tempo para narrar uma notícia? Vamos nos deter nesta afirmativa para entender qual é o tempo necessário para que uma pessoa possa assimilar o relato de uma história na televisão. Para Peter Ruge "o limite de compreensão de um tema está em volta dos 10 segundos"[5]. Na prática, aceita-se que este seja o tempo mínimo para que o telespectador se situe em relação à história e o tipo de assunto a ser apresentado no telejornal. Pelo repórter ou pelo apresentador do telejornal.

Um bom recurso para a localização do tipo de assunto e sua individualização do resto do telejornal é o uso de título nas matérias. Os títulos, no telejornalismo, são equivalentes aos leads do jornalismo impresso. É o elemento de destaque da notícia dentro da avalanche de dados do telejornal. Pode vir na boca do repórter ou na introdução do assunto pelo apresentador no estúdio. O título e os dados apresentados no início da notícia consomem os 10 segundos a que se refere Ruge. Com este recurso, é possível aceitar que o telespectador esteja "sintonizado" com o tema a ser apresentado. O título tem duas funções básicas: atrair a atenção do telespectador para o assunto tratado e demorar o tempo necessário para que a notícia que agora está sendo apresentada possa ser individualizada, na mente do telespectador, e desligada do assunto anterior.

O tempo da notícia no telejornalismo depende sempre da importância jornalística do assunto. Mas também da qualidade das imagens. A qualidade das imagens tem forte peso na televisão. Se a imagem é boa, seguramente vai ser aproveitada. O 8º mandamento do professor Frank Reed aconselha: "Se é importante mas a imagem é pobre, conte e não mostre. Se é trivial, mas a imagem é boa, mostre"[6]. Na televisão, se as imagens forem boas, podem acabar valorizando al-

---
5. RUGE, P., ob, cit., p. 40.
6. Videodocumentário, NY, 1982.

gum fato não importante. Eduardo Neiva Júnior revela: "Mesmo correndo o risco de ser óbvio, prefiro dizer que imagem e discurso têm em comum a união indissolúvel de expressão e conteúdo"[7]. Ao contrário, se a imagem não for interessante ou de boa qualidade, resta sempre o recurso da sua substituição pelo texto. De qualquer forma, a imagem deve ser usada, preferencialmente, quando for de boa qualidade e de significativo interesse para os telespectadores.

Outro motivo de preocupação para o editor de notícia na televisão é quanto ao equilíbrio no uso da imagem associada ao texto. Falamos anteriormente em seqüência lógica, crescente, clara e no tempo certo, na forma de editar as notícias. Mas, é preciso estar atento para ceder espaço no texto quando as imagens forem mais significativas que as palavras. Na prática existem momentos onde isto acontece, e, ao optar por fazê-lo, não deve o editor acreditar que se trata de substituição de uma forma de expressão por outra, mas da escolha da melhor forma de apresentação da notícia para o público do telejornal. Para isso, tem que satisfazer os cinco princípios básicos: *que, quem, quando, onde* e *como*. Para Getúlio Bittencourt, a estes se somam dois outros: *por que* e *com que meios*. Para ele, "que, o que, como, por que, quando, onde e meios correspondem linearmente às sete indagações da retórica clássica. Há 2 400 anos, Aristóteles indicava com outras palavras (pessoa, coisa, instrumento, causa, tempo, lugar e modo) esses mesmos conceitos como fonte de argumentos"[8]. Estas são as indagações que o público faz e que devem nortear o trabalho do editor de notícias na televisão.

A notícia na televisão deve ser mostrada da forma mais objetiva e compreensível possível. Mas a melhor das edições pode não alcançar seu intento se for apresentada de forma monótona, vazia ou sem criatividade. A mais importante notícia de um telejornal,

7. NEIVA JR., E., ob. cit., p. 10.
8. BITTENCOURT, G., ob. cit., pp. 51-52.

ou mesmo o telejornal todo, pode não interessar ao telespectador se não for editada de forma concisa e atraente. É preciso, além da boa edição da notícia, usar a variedade na estruturação das matérias e no telejornal. Peter Ruge indica: "Nas séries de imagens de atualidades, o ponto de tensão é de uns 50 segundos, desde o começo do tema..." E completa: "...um ponto de tensão a cada 50 segundos dá ao espectador uma sensação de marasmo. O espectador precisa de descanso para 'digerir' o percebido"[9]. O ponto de tensão no telejornalismo é o momento onde o interesse é máximo, tendo a narrativa alcançado seu pico de maior atração, decaindo em seguida devido às interferências constantes e presentes no ambiente de recepção da mensagem. Não se trata, portanto, de simplesmente criar estes pontos de tensão a cada espaço fixo de tempo, mas de apresentá-los alternadamente para não desinteressar e distrair o telespectador. Estes pontos de interesse podem ser compostos com informações novas apresentadas no meio do telejornal, ou ainda através do uso de imagens fortes e significativas. Isto tendo como objetivo dar visão abrangente e saborosa à dimensão dos fatos do dia.

Na televisão, as imagens têm valores de comunicação aumentados com a variação dos recursos plásticos de apresentação. José M. Casasús revela: "No caso da televisão, podemos observar a presença de várias séries informacionais paralelas e simultâneas: a série visual icônica (a 'imagem da imagem'), a visual lingüística (os títulos dos programas e letreiros, isto é, 'as imagens de não-imagens'), a sonora (a música e barulhos), a sonora lingüística (a voz dos apresentadores, narradores, entrevistados) e a visual paralingüística (os efeitos visuais)"[10]. Não se trata da imagem pura e simples. Na televisão, ela é apresentada dentro de um contexto de comunicação. Esta variedade de formas na qual ela pode ser veiculada tem que es-

9. RUGE, P., ob. cit., p. 39.
10. CASASÚS, J. M., ob. cit., pp. 42-43.

tar sob controle do editor de notícia. É função e responsabilidade dele o domínio e a adequação destas séries informacionais. Todas estas formas de comunicação têm sua função, e devem ser dosadas equilibradamente na apresentação das notícias para o telespectador. O editor de notícias para televisão não pode perder de vista o estilo e o horário de veiculação do telejornal para o qual ele prepara determinada notícia. O horário determina o público almejado e influencia diretamente a forma e o conteúdo da edição a ser realizada. O telejornal da 1 h da tarde tem público, e, conseqüentemente, estilo e formato diferentes de um telejornal das 8 ou ainda das 11 da noite. Estes, por sua vez, também são diferentes entre si. O público da televisão é menos homogêneo que o dos outros veículos, sobretudo o do jornal impresso. Isso interfere diretamente na apresentação das notícias, na edição das matérias e na organização dos programas telejornalísticos.

Reprisando, lembramos que cada tipo de jornal tem forma individual de redação, de estruturação de manchete, de organização dos blocos, das notícias e do telejornal como um todo. Como dissemos, estes elementos variam de acordo com o horário e o estilo dos telejornais. A maioria dos telejornais do início da noite apresentam estrutura semelhante: em primeiro lugar, são apresentadas as chamadas das notícias importantes do dia. Em seguida, vem o primeiro bloco de notícias, com as matérias "leves e apetitosas", que têm a função de "prender" o telespectador ao telejornal. A partir daí, o telejornal deve ser assimilado pelos telespectadores como fato importante naquela noite e que não se pode deixar de acompanhar.

O bloco mais importante, o mais "quente" do telejornal é, na estratégia de distribuição das notícias, o último bloco do telejornal. Normalmente é neste bloco que são apresentadas as notícias mais importantes e de maior significação jornalística do dia. Regra geral, se faz chamada das matérias mais importantes do telejornal na apresentação das manchetes da noite. Mas as notícias mais importantes do dia não vêm no primeiro bloco. Se isto acontecesse, poderia se dar ao telespectador a sensação de que já está informado assistindo somente ao primeiro bloco. Por isso elas vêm no último bloco de notícias, prendendo, desta forma, o telespectador até o final do programa. Trata-se de regra de valorização do noticiário, mas também de estratégia de marketing que visa segurar o telespectador para o próximo programa da emissora. É a mesma estratégia inclusive de todos os outros programas de televisão. Fábio Perez, diretor de Telejornalismo da Rede Globo, vaticina: "Eu não faço um jornal no sentido clássico do termo, eu faço um programa de notícia"[11].

A técnica de organização dos blocos dentro do telejornal e das notícias dentro dos blocos segue esquema parecido com a "tática mercadológica" aplicada pelos diretores em outros tipos de programas de televisão. O primeiro bloco tem a função de atrair, interessar e cativar o telespectador para o noticiário. Os seguintes, os do meio, normalmente o segundo e o terceiro blocos, têm a intenção de manter, conservar o telespectador na programação jornalística. O último apresenta as principais notícias do dia e completa o ciclo informativo fornecendo-lhe instrumentos para a compreensão dos fatos significativos do dia. Na sua cidade, seu estado, seu país e também no resto do mundo. É comum se observar o hábito de encerrar o telejornal com uma notícia "leve", "positiva", desprovida de carga dramática e violenta que possa chocar os telespectadores. Frank Reed arremata: "É importante deixar o telespectador feliz. A maior satisfação de um telespectador é saber que a casa dele está segura, a cidade dele está segura e o país dele está seguro"[12]. As desgraças e conflitos interessam ao público, mas é seguramente mais confortável saber que elas

11. MELLO E SOUZA, C., ob. cit., p. 270.
12. Videodocumentário, NY - 1982.

estão longe, distantes do nosso dia-a-dia e da nossa casa. O processo de seleção das notícias que comporão um telejornal consome diariamente a maior parte do tempo e da atenção dos editores responsáveis pelos diferentes telejornais. No jornalismo, a expressão de que "jornalismo é 90 por cento de suor e 10 por cento de talento" tem lugar de destaque. Clóvis Rossi afirma que "freqüentemente as condições de trabalho são precárias e vale mais o esforço físico do que o intelectual"[13]. Na constante procura pela melhor forma de apresentar as notícias e de fornecer a melhor versão dos fatos, as matérias programadas para integrar um telejornal podem ser substituídas, mudar de lugar na organização do programa, ou ainda, diminuídas em sua duração. Para isso, os editores responsáveis pelos telejornais preparam com bastante antecedência o "espelho" do programa jornalístico. O espelho tem a função de revelar o "esqueleto" do que será o telejornal daquele dia. As notícias, dependendo da sua qualidade, produção e importância, podem ser programadas para integrar, com duração definida, o telejornal dentro de determinado bloco. Isto pode mudar durante o dia, pois o telejornal "ferve" com o passar das horas, até o momento de sua veiculação. De acordo com a evolução dos assuntos pautados durante o dia, a edição poderá ser totalmente reestruturada, já que, pelas suas características particulares, o telejornal deve sempre apresentar a mais recente versão do fato. Não basta "dar" uma notícia. É preciso trazer para o telespectador o último desdobramento e a mais recente implicação do fato veiculado no telejornal. Na prática, esta procura incessante por maior atualidade é o alvo principal do editor responsável pelo telejornal e da direção de jornalismo da emissora.

Está na responsabilidade do editor de notícia a preparação dos textos que o apresentador vai ler no estúdio. Eles apresentam o assunto a ser desenvolvido pela reportagem. O jornalista Woile Guimarães re-

---

13. ROSSI, C., ob. cit., p. 44.

vela: "O veículo televisão não admite textos opacos, idéias cifradas, imagens e emoções cinzentas... textos cinzentos são textos verborrágicos, frases indiretas, orações intercaladas com informação difusa, complexa e distante do público"[14]. Pode-se dizer que nenhum veículo suporta estes itens referidos por Guimarães, mas a televisão os aceita muito menos. Ela obriga os profissionais que trabalham no jornalismo a uma melhor seleção dos assuntos, especial atenção à qualidade das imagens e sons e maior clareza na redação dos textos.

O texto de abertura deverá apresentar um título (lead) seguido de informações objetivas que desenvolvem o assunto e preparam o telespectador para a reportagem externa. Esse texto deverá ser curto (5, 10 segundos), pois o que importa ao público é a reportagem no local da ação. Ele pode aparecer com maior ou menor duração. Isso vai depender da importância e da oportunidade da notícia. O texto de abertura deve sempre ter relação com a matéria que vai ser apresentada e fazer uma "ponte" com os fatos que serão mostrados na reportagem externa. Por isso, na preparação desse texto, é importante nunca fornecer informação significativa logo no início da primeira linha. Por dois motivos básicos: primeiro, o telespectador poderá estar distraído; segundo, motivado por alguma deficiência técnica, a parte que constava no início da frase poderá ser cortada no momento de ir ao ar. Um exemplo: se o texto começar informando que "154000 pessoas ficaram desabrigadas e sem comida...", e, por acaso, houve atraso ou defeito técnico, o número poderá ser cortado e a quantidade de pessoas atingidas poderá ser veiculada com grave disparidade do real, e resumida a apenas "mil pessoas ficaram desabrigadas..."

Como afirmamos anteriormente, é possível existir nas emissoras repórteres setoristas, que acabam se especializando em determinada área do jornalismo.

14. MELLO E SOUZA, C., ob. cit. p. 272.

No caso do editor de notícias, a segmentação é basicamente difícil de acontecer, já que ele acaba preparando matérias telejornalísticas de todos os estilos e origens. Uma determinada notícia, que foi veiculada com importante destaque e duração numa edição do telejornal, pode não receber continuidade em outra edição, ou ainda no dia seguinte. Esta não é uma deficiência particular do telejornal, existindo freqüentes exemplos também no jornalismo impresso. Mas, já que nos resumimos ao veículo televisão, apresento um exemplo: recentemente, o *Jornal da Globo*, o último telejornal do dia da Rede Globo de Televisão, apresentou matéria que mostrava em destaque o processo de contagem de votos da eleição num dos mais importantes sindicatos do país, o dos Metalúrgicos de São Paulo. Na matéria, o repórter dizia existir acirrada discórdia na apuração dos votos e finalizava dizendo que até as 7 da manhã do dia seguinte "tudo estaria apurado e em ordem". Na edição das 7 da manhã do dia seguinte, os fatos não tiveram continuidade no telejornal, tendo sido mostrada matéria insosa sobre as "dificuldades de se abrir uma urna, na apuração que ainda não acabou". O fato no dia seguinte era: as urnas tinham sido fortemente seladas pelas chapas concorrentes. E a situação criada no dia anterior? E o atrito entre as chapas concorrentes? Nada! Deve ter sido o contato com esse tipo de desvio na prática da profissão que levou o jornalista David Nasser, da imprensa escrita, aliás, a afirmar: "Todos nós, homens da imprensa, gente que escreve sobre tudo sem entender nada, o fazemos sobre a areia do tempo"[15].

Gostaria de apresentar o que se poderia chamar de "teoria da evolução de uma notícia telejornalística". É baseada no conceito de que a matéria telejornalística não existe sozinha, sem os antecedentes que a justificam e sem as repercussões e suítes que inevitavelmente provoca. Nessa "teoria da evolução", um

15. NASSER, D., ob. cit., pp. 12-13.

fio condutor orienta o desenvolvimento da edição da notícia, descrevendo uma espiral crescente que evolui na apresentação do relato dos fatos. Sempre ligada a dado anterior por uma "ponte", que por sua vez está ligada à posterior pelo mesmo princípio. O aprofundamento desses dados anteriores e posteriores e também a divulgação das dimensões reais da notícia são realizados, ou não, de acordo com o caráter público que a notícia possa ter, mas, sobretudo, com os interesses da emissora e com o estilo do telejornal. É diferente mostrar uma notícia só com o relato dos fatos e, de outra forma, apresentá-la com os antecedentes históricos, culturais e sociais que a geraram e aqueles que ela pode provocar em seguida. Este é mais um ponto que requer atenção do editor de notícias telejornalísticas.

A "ilha de edição" é o local onde o editor de notícias prepara e organiza as matérias que vão ao ar nos telejornais. Na ilha de edição, que é um pequeno espaço com equipamento técnico para a preparação das notícias, existe uma máquina de vídeo que se chama player ou "escrava", com seu televisor/monitor de vídeo e outra máquina, semelhante à primeira, mas que faz o papel de recorder e chama-se "mestra". Ambas estão ligadas por uma pequena central eletrônica, que é o "editor". Acompanhemos o processo da edição eletrônica:

Na primeira delas, a escrava, coloca-se a fita de vídeo-teipe que veio da externa. Nessa fita, o repórter realizou as entrevistas, planos e contraplanos, a abertura, o encerramento, a passagem e o off da matéria pautada. Este é o original a partir do qual vamos escolher as melhores partes que comporão a notícia editada.

Na segunda, a mestra, é colocada uma fita de vídeo sem imagens gravadas. Para esta fita serão transportadas eletronicamente as partes escolhidas da primeira fita, a da reportagem que está na player. É a partir do editor eletrônico que controlamos as operações das duas máquinas. Ele é o responsável pelo comando eletrônico das edições. Para visualizar os pontos escolhidos e a edição da imagem existe, para cada uma das máquinas, um televisor individual e sistema de som para cada um dos conjuntos. Em algumas emissoras existe ainda, acoplada às ilhas, cabine de som para a gravação de textos em off do repórter ou ainda dos apresentadores dos telejornais.

A título geral, apresentamos algumas medidas básicas para facilitar e orientar a edição de matérias para o telejornalismo:

1. É fundamental assistir a todo o material coletado pelo repórter na produção da reportagem externa. Para poder localizar os tópicos integrantes da reportagem, é necessário acompanhar atentamente e anotar os pontos da fita onde estão as diferentes partes da matéria. É recomendável marcar as voltas ou a minutagem (minutos e segundos) onde se encontram estas partes na fita original. É necessário anotar as principais questões levantadas pelo repórter e o conteúdo conciso das respostas dos entrevistados.
2. Depois de assistir à fita inteira, é fundamental esquematizar pequeno plano de edição, mentalmente ou no papel. Ele deverá apresentar os principais pontos que o editor escolheu para contar o fato ao telespectador. Pode ser da seguinte forma:
a) cabeça do repórter (x minutos e y segundos) da fita original;
b) fala do ministro (x' minutos e y' segundos);
c) imagem do avião partindo (x'' minutos e y'' segundos), e assim por diante.
3. O editor de notícias para a televisão não deve dizer no texto de abertura — parte que vai preparar para o apresentador ler no estúdio — o que o repórter ou entrevistado vai falar na matéria editada. A função básica desse texto é localizar o fato e despertar o interesse do telespectador pelo assunto a ser desenvolvido na reportagem externa.
4. O editor deve procurar variar a redação dos tex-

tos de abertura e encerramento das notícias. Um telejornal é o conjunto de várias reportagens e assuntos. Se os textos forem redigidos de forma semelhante, e padronizada, o telejornal poderá ficar monótono e desinteressante.
5. A mesma observação vale para a edição de notícias. É recomendável a diversificação na produção e na edição das matérias, evitando assim a repetição na forma de apresentação das notícias.
6. O editor deverá, sempre que necessário, usar mapas, gráficos e ilustrações. A maioria dos departamentos de telejornalismo conta com setor de arte próprio que apóia a produção gráfica e visual das matérias para os telejornais.
7. O editor de notícia deverá ainda, quando adequado, usar imagens de arquivos a partir do conteúdo do texto, ou ainda da necessidade de ilustração histórica da notícia. A maioria das emissoras conta também com setor de arquivo de imagens, e algumas delas têm inclusive arquivo de imagens voltado unicamente para as necessidades dos telejornais.
8. O editor de notícias não consegue, obviamente, lembrar-se de números, implicações, datas e fatos relacionados com os antecedentes das notícias. Para se municiar de dados referentes a esses itens, as emissoras têm também setor de pesquisa de dados e textos jornalísticos. O conhecimento dessas fontes de apoio ajuda profundamente o trabalho dos jornalistas na televisão. São importantes para a "amarração" da notícia no contexto histórico, artístico, político e social, tendo em vista sua relação com a realidade dos fatos e suas implicações sociais na atualidade.

A título de encerramento, gostaria de ressaltar que o objetivo imediato deste trabalho é apresentar suporte acadêmico/profissionalizante aos estudantes e outros setores da sociedade interessados na organização, captação, pesquisa e difusão de telenotícias.

Cremos também ter utilidade nos estudos, sobretudo os de caráter prático e de desmitificação do veículo, apresentando-o plausível à atuação profissional.

A televisão conseguiu e solidificou espaço no mercado da comunicação, e, justamente por suas características e objetividade, encontra-se permanentemente em exaustivo processo que visa delimitar a melhor forma de cumprir seu papel social. Neste processo, é sempre passível de críticas, como qualquer outro veículo de comunicação. Reconhece-se, inclusive dentro do próprio meio, caráter etéreo e mesmo irresponsável na produção e apresentação de notícias jornalísticas. Esse desvio social e "volatilidade" têm sido motivo de constantes preocupações para os jornalistas conscientes que nela trabalham, e também, e com maior freqüência, para diversos setores acadêmicos. Pode-se afirmar que a "vulnerabilidade institucional e irresponsabilidade social" não é uma característica depreciativa unilateral do veículo televisão.

Justamente para contribuir nesta área é que nos propusemos realizar a presente pesquisa. Foi esta perspectiva, a de realizar trabalho que possa auxiliar no conhecimento interno e no esclarecimento para a prática, que encaminhou nossos estudos. Nosso objetivo é que esta singela produção possa contribuir para a formação dos estudantes e mesmo dos interessados em se exprimir e se especializar nesta importante área de comunicação. Neste intento, tivemos a inestimável compreensão e colaboração do corpo diretivo e funcionários do Curso de Jornalismo e Editoração da Escola de Comunicações e Artes da Universidade de São Paulo.

TÉCNICA

A IMAGEM

"Agora que já podemos fotografar as pessoas mais queridas, não mais paradas e sim em movimento, quando trabalham, quando falam, podemos afirmar que a morte não é mais algo definitivo."

- in *Cinematographo Lumiére*, Paris.

Para estudar a formação da imagem eletrônica, proponho a divisão do tema em duas áreas distintas: 1) o processo fisiológico do funcionamento do olho humano e 2) o princípio técnico da captação de imagem eletronicamente.

Aparentemente não há nenhuma ligação clara entre as duas áreas, mas Pierre Grivet e Pierre Herreng demonstram o contrário. Para que possamos entender os princípios da formação da imagem na televisão, devemos nos deter um pouco na estrutura do olho humano. Eles afirmam que a imagem eletrônica nada mais é do que uma reprodução tecnológica do processo que o corpo humano realiza para perceber visualmente o mundo exterior. As impressões luminosas captadas pelos olhos podem "se classificar em três categorias: *forma, cor* e *movimento*"[1].

Os autores franceses propõem abordagem simplificada dos princípios de funcionamento do olho, e pa-

1. GRIVET, P. e HERRENG. P. *La televisión*, p. 13.

ra isso sugerem a eliminação inicial da cor, para que nos detenhamos nos mecanismos que orientam o olho na percepção das impressões de forma e movimento. Portanto, em preto e branco. O olho humano é órgão muito complicado. Porém, um esquema menos detalhado, pode tornar simples a compreensão do seu princípio de funcionamento.

O olho é composto de uma pequena lente (chamada cristalino), da retina, dos nervos óticos, da íris e dos líquidos específicos. As imagens captadas do exterior são levadas até a retina após passarem pela íris e pelo cristalino. A superfície do tecido da retina é constituída por uma estrutura parecida com a de um mosaico e composta de células sensíveis à luz, à cor e ao movimento.

Para Grivet e Herreng, a dimensão desses "pequenos mosaicos varia de 1 a 5 milésimos de milímetro". Em detalhe, cada célula é composta por três elementos: os cones, os bastonetes e as ligações dos nervos óticos. Cada uma dessas células é sensível à intensidade de cada ponto luminoso que compõe a imagem original. Cada imagem é decomposta pelo olho humano em aproximadamente 100 000 elementos de referência.

Esta afirmação explica a incapacidade de o olho humano perceber detalhes de objetos acima de um certo limite. É o que os autores indicam como "poder separador do olho". Ele é muito pequeno: num desenho colocado a 25 centímetros, a vista humana tem capacidade de distinguir detalhes distantes até 75 milésimos de milímetro um do outro.

José M. Casasús afirma que, "para criar uma imagem impressa que se apresenta em meio-tom, o processo de retícula utilizado na reprodução fotográfica consiste em substituir cada zona da imagem por uma série de pontos, regularmente repartidos, mas com diâmetros diferentes... A retícula fotográfica é, pois, um dos exemplos típicos de decomposição imperceptível de uma imagem sensivelmente contínua num certo número de elementos quantificados..."[2]. A olho

2. CASASÚS, José. Teoria da Imagem, p. 36.

A IMAGEM

nu, a complicada estrutura em mosaico de que é constituída uma imagem impressa é invisível, e, à distância, temos a reprodução global do original, num ato que poderíamos chamar de "ilusão ótica".

O físico inglês Talbot realizou uma importante experiência que veio a ser mais tarde a mola mestra da reprodução de imagens em movimento, tanto no cinema quanto posteriormente na televisão. Com um mecanismo simples, ele estudou o processo da persistência das impressões luminosas em nossa retina. Isto é, ele pesquisou a capacidade do olho humano de continuar vendo uma imagem depois que ela tenha desaparecido. Este simples instrumento era composto de um disco com pequenas perfurações, uma lâmpada e um anteparo. O disco deve rodar a uma velocidade variável, para que a luz emitida pela lâmpada elétrica possa passar sucessivamente por cada um dos furos e sensibilizar o anteparo branco. Ele percebeu que quanto mais se aumenta a velocidade do disco, menos se vê a alternância dos furos, pois se torna cada vez mais difícil acompanhar a sua mudança. Descobriu que a uma velocidade de alternância de dezesseis furos por segundo, os buracos começam a ser reproduzidos parados. Acima dessa velocidade, basicamente acima de vinte furos por segundo, o furo desaparece do anteparo. Ele constatou que algumas variáveis podiam acontecer, como a influência da intensidade da luz, que, quanto mais forte fosse, maior seria o limite, e também a qualidade da cor, que, quanto mais amarelada, maior a sua percepção visual.

Talbot concluiu entretanto que, para qualquer dos casos e pessoas, o número de vinte ciclos por segundo é o limite suportável para a visão dos furos reproduzidos no anteparo. Sua experiência demonstra que a retina demora alguns segundos para "esquecer" uma imagem e substituí-la por outra. Ele indicou o limite pesquisado, quer dizer, vinte furos ou quadros por segundo, como o tempo necessário para que a retina possa substituir uma imagem qualquer por outra subseqüente. Portanto, pode-se concluir que cada imagem "demora" uns 20 avos de segundo para desaparecer da retina.

As pesquisas e conclusões de Talbot acerca da persistência retiniana são muito importantes, pois elas foram utilizadas inicialmente no cinema para dar a impressão de movimento. Quer dizer, somente depois da descoberta de Talbot o homem conseguiu captar imagens em movimento e reproduzi-las perfeitamente. No início, o cinema estabeleceu como dezesseis quadros o número ideal para a reprodução do movimento, e, posteriormente, com o advento do som, definiu o número de 24 quadros por segundo.

A obtenção e a reprodução de imagens na televisão seguem estes mesmos princípios descobertos por Talbot e aperfeiçoados pelos inúmeros pesquisadores da arte e expressão cinematográfica. Eles também definem o princípio básico da reprodução de imagens impressas. Para melhor explicar, podemos definir como técnica tipográfica a subdivisão em minúsculos mosaicos necessária para a reprodução das imagens e ilustrações impressas. Isto é, para a captação e difusão de imagens na televisão devemos, simplisticamente, adotar o princípio da divisão da imagem em milhares de pontos individuais.

Pierre Grivet e Pierre Herreng têm exemplo muito interessante para uma compreensão global deste princípio:

> "Nós podemos comparar a microscópicas janelas que, vistas da fachada de um grande arranha-céu de muitos andares, se acenderiam e se apagariam de maneira a produzir um desenho animado. Numeremos estas janelas, a partir do andar superior e em cada andar, da esquerda para a direita... Chamemos para colaborar conosco uma bela fada. Ela deve nos ajudar colocando em cada janela um pequeno duende que será doravante encarregado de anunciar a todos os cantos possíveis, através de um aparelho de telefone sem fio, um segredo: janela número tal se ilumina e janela número tal se

apaga. Para que o processo não seja confuso e evitar que todos os duendes falem ao mesmo tempo, vamos lhes impor uma regra bem precisa: eles não devem falar senão no momento certo, na ordem do número de suas janelas. Só depois que o último duende da última janela do andar térreo à direita tiver emitido sua mensagem é que o primeiro à esquerda do andar superior recomeçará uma nova série de informações. Como nossos duendes são gente muito aplicada, eles não exigirão mais estritamente que 1/25 de segundo para anunciar toda a fachada de cada série de mensagens... Vamos batizar imediatamente nossos duendes sinalizadores, operários da transmissão, pelo nome que lhes dará a ciência quando ela substituir nossa bela fada de células fotoelétricas... O edifício onde trabalham nossos duendes será chamado de tubo analisador de imagens. Essa simples descrição corresponde ao primeiro tubo analisador de televisão: o iconoscópio. As partes essenciais deste tubo são o mosaico, composto de células fotoelétricas minúsculas, e o canhão de elétrons, que na prática faz o papel da fada distribuidora de duendes"[3].

O princípio desenvolvido pelos autores refere-se à captação de imagens, ao processo de codificação eletrônica da imagem a ser transmitida. Para a recepção desses minúsculos sinais, nos quais foram divididas as imagens, basta refazer o processo de iluminação e apagamento das janelas do edifício.

Eles sintetizam o processo de recepção de maneira também muito clara. Acompanhemos:

"No local onde as imagens vão ser recebidas, arranjemos uma segunda fachada de janelas idênticas àquela primeira. Vamos dar a essas novas janelas, de andar em andar, números rigorosamente correspondentes àqueles primeiros. Outra fada

3. GRIVET, P. e HERRENG, P. *La televisión*, pp. 9-10.

servidora nos fornece uma outra equipe de duendes dispostos de modo exatamente igual, como sentinelas muito atentas. Cada um deles tem seu aparelho de telefone sem fio, e no momento em que ele receber a mensagem enviada pelo seu pequeno colega de mesmo número, instantaneamente ele clareia ou escurece sua janela, para deixá-la exatamente igual àquela de onde a mensagem partiu. Essa segunda fachada reproduzirá imediatamente, em claro e escuro, o desenho em movimento da primeira. Estes duendes da segunda equipe serão chamados, quando a ciência tomar seu lugar, de elétrons, fornecidos por um canhão de elétrons, peça-mestra do aparelho receptor, e todo o conjunto passa a ser chamado de osciloscópio catódico"[4].

A imagem, então, passa a ser decomposta em *pontos* (as janelas) e *linhas* (os andares), conforme proposta didática de Grivet e Herreng. Analisemos em seguida uma linha dessas. A de número 1, por exemplo: ela é composta de muitos pontos. A imagem vai ser "varrida" pelo canhão de elétrons num movimento horizontal de leitura, seguindo uma seqüência de cima para baixo. Aqui, vale acrescentar um novo conceito: o do canto explorador, que nada mais é do que o ponto que vai "ler" individualmente a intensidade luminosa contida em cada minúsculo ponto da imagem.

O ponto explorador parte do canto esquerdo superior até o fim da primeira linha. O trajeto dele é quase horizontal, porém, até o fim da primeira linha ele vai descer o equivalente ao seu diâmetro, que é de aproximadamente 1/10 de milímetro. Em seguida, o ponto explorador volta para o canto esquerdo da imagem para ler a segunda linha, colocada logo abaixo da primeira. Realiza o mesmo movimento horizontal de leitura e retorno para ler as linhas restantes, até a última, situada no "andar térreo". Tudo isto numa velocidade muito rápida, demorando aproximadamen-

4. *Idem* p. 11.

A IMAGEM

te 1/25 de segundo para ler cada imagem. Entretanto, os técnicos perceberam que a qualidade da imagem captada e transmitida apresentava um efeito desagradável de abertura e fechamento de janelas, o que os franceses chamaram de "papillotage", que poderia ser traduzido como "batidas de asas de borboleta". A explicação é novamente fornecida por Grivet e Herreng. Para eles, "a freqüência de 25 imagens por segundo, largamente suficiente para construir a impressão de movimento, fornece, entretanto, uma papillotage desagradável; é necessário atingir 60 imagens por segundo para que o efeito desapareça"[5].

Para isso, se fazia necessário aumentar consideravelmente a velocidade do ponto explorador para que ele pudesse "ler" num mesmo tempo, uma quantidade muito maior de imagens. Mas esta dificuldade foi superada, com a aplicação de um conceito técnico muito complicado que chamaremos de "entrelaçamento de leitura". Vejamos como ficou resolvida a questão: "o ciclo de varredura passou a ser decomposto em dois tempos, cada um de 1/50 de segundo. Numa primeira passagem o ponto explorador vai ler somente as linhas pares, e num segundo momento as linhas ímpares"[6].

As emissoras européias têm corrente de 50 ciclos (Hertz) por segundo. Nas Américas, onde estamos inclusos, a freqüência é de 60 ciclos por segundo, fora a Argentina e o Uruguai. Portanto, para a televisão brasileira, vamos ter uma velocidade de 30 quadros por segundo, que é o produto da divisão do número de ciclos (60) pelo número 2, resultante das linhas pares e ímpares.

Nossa televisão adotou o sistema de 525 linhas para codificar cada imagem. Para a maioria dos países europeus, é de 625 linhas. Peter Ruge explica que "se tomarmos o formato de 3 por 4, que é o formato básico da tela, obteremos aproximadamente 833 pontos

---

5. *Idem*, p. 24.
6. *Idem*, p. 25.

por linha, que, multiplicado pelas 625 linhas do padrão europeu, dará aproximadamente *520 000* pontos, que correspondem a uma imagem de televisão"[7].

Como efeito de comparação, Pierre Grivet e Pierre Herreng oferecem um gráfico ilustrativo do número de elementos visíveis em vários tipos de suportes. Vejamos:

1. Fotogravura luxo, formato 20x25 ...... 2 000 000
2. Cinema 35 mm, profissional 1 000 000
3. Cinema 16 mm, profissional 250 000
4. Cinema super-8 mm 50 000
5. Televisão americana, 525 linhas 200 000
6. Televisão européia, 625 linhas .... 400 000[8]

Como proposta de ilustração simplificada, eliminamos a inclusão da cor, conforme alertamos no início. Vamos agora entendê-la melhor: a televisão em cores se baseia no princípio da adição das três cores básicas, no nível cromático: o *vermelho*, o *verde* e o *azul*. Peter Ruge esclarece que o "o conhecimento da mistura aditiva de cores se deve a uma escola francesa de pintura da segunda metade do século passado. Georges Seurat (1859-1891) colocou juntos minúsculos elementos cromáticos, de modo que, por adição ótica, se obtinha uma impressão cromática"[9]. O cientista que realizou as primeiras experiências com sucesso para a transmissão de imagens coloridas foi o inglês John Lord Baird, em julho de 1928[10].

Para a reprodução da imagem colorida na tela do aparelho de televisão, estes três pontos cromáticos, o vermelho, o verde e o azul, se colocam um ao lado do outro, formando o que poderíamos chamar *tripletas cromáticas*. Ruge explica que na frente dessas tripletas cromáticas se encontra um "diafragma perfura-

---

7. RUGE, Peter *Prácticas de periodismo televisivo*, p. 54.
8. GRIVET, P. e HERRENG, P., ob. cit., p. 24.
9. RUGE, Peter, ob. cit., pp. 54/55.
10. GRIVET, P. e HERRENG, P., ob. cit. p. 111.

do que tem uns 400 000 orifícios, através dos quais os raios luminosos incidem sobre a tela luminescente"[11]. Mais à frente, o autor explica que "a tela de televisão em cores armazena aproximadamente 1,2 milhão de pontos luminosos, ou aproximadamente 400 000 tripletas cromáticas[12]. Peter Ruge esclarece que não são consideradas cores para efeito de televisão o preto, o branco e o cinza, e acrescenta um dado curioso: "o olho humano pode diferenciar cerca de 1 milhão de impressões cromáticas distintas"[13].

Por problemas de desenvolvimento técnico, de facilidades de construção e por preferência cultural da população, cada país, daqueles que realizaram pesquisas avançadas no domínio da cor, resolveu padronizar um sistema próprio. Isto para resguardar as conquistas e preservar seu mercado dos estrangeiros.

O mercado mundial está dividido hoje em três grandes sistemas de cores, e um quarto reduzido a um único país: o nosso.

1. O sistema norte-americano NTSC

A sigla NTSC significa em inglês National Television System Committee. Anibal Arias Ruíz diz que "na realidade, este organismo nada mais é que o agrupamento dos construtores especializados em radioeletricidade criado especialmente pela associação desses construtores, denominada RETMA (Radio-Electronics-Television Manufacturers Association)"[14]. O sistema foi oficialmente adotado no país a partir do dia 17 de dezembro de 1953. Muitos países passaram a adotar esse sistema como padrão de cores, inclusive o maior fabricante de equipamentos eletrônicos do mundo: o Japão. O sistema tem 525 linhas.

---

11. RUGE, Peter, ob. cit., p. 55.
12. Idem, p. 56.
13. Idem, p. 55.
14. RUÍZ, Anibal A. El mundo de la TV, p. 212.

A empresa Embravídeo fez ampla pesquisa para exemplificar os países que adotaram o sistema NTSC para suas transmissões em cores.

NTSC - 525 linhas/60 Hz

Antigua	Antilhas Holandesas
Aruba	Bahamas
Barbados	Bermudas
Birmânia	Bolívia
Canadá	Chile
Colômbia	Coréia do Sul
Costa Rica	Cuba
Curaçao	Diego García
El Salvador	Equador
Estados Unidos	Filipinas
Formosa	Groenlândia
Guam	Guatemala
Honduras	Ilha Johnston
Ilhas Cayman	Ilhas Midway
Ilhas Virgens	Japão
México	Nicarágua
Oquinawa	Panamá
Peru	Porto Rico
República Dominicana	Samoa Americana
São Cristóvão e Nevis (St. Kitts)	Suriname
Terranova	Trinidad e Tobago
Venezuela	

2. O sistema francês SECAM

A sigla vem do francês Séquentiel Couleur avec Mémoire, e tem dois subsistemas: de 825 linhas e de 625 linhas. O sistema desenvolvido na França tem fama de ser o melhor do mundo, e trabalha com princípio próprio de "armazenamento de cores".

SECAM - 825/625 linhas/50 Hz

Albânia	Alemanha Oriental

A IMAGEM 121

Arábia Saudita	Bulgária
Congo	Coréia do Norte
Costa do Marfim	Djibuti
Egito	França
Gabão	Grécia
Guadalupe	Guiana Francesa
Haiti	Hungria
Irã	Iraque
Líbano	Líbia
Luxemburgo	Madagascar
Marrocos	Martinica
Ilhas Maurício	Mônaco
Mongólia	Níger
Nova Caledônia	Polônia
Reunião	Romênia
Senegal	Síria
St. Pierre e Miquelon	Taiti
Tchecoslováquia	Togo
Tunísia	União Soviética
Zaire	

3. O sistema alemão PAL

A denominação PAL vem da abreviação das palavras Phase Alternating Line, que é um aperfeiçoamento do sistema NTSC americano e que também goza de grande prestígio mundial.

PAL - 625 linhas/50 Hz

Açores	Afeganistão
África do Sul	Alemanha Ocidental
Andorra	Argélia
Argentina	A. Saudita (Damman)
Austrália	Áustria
Bangladesh	Barein
Bélgica	Bornéu
Brunei	Catar
China	Chipre
Cingapura	Dinamarca

E. Árabes Unidos
Escócia
Finlândia
Gibraltar
Hong Kong
Ilha da Madeira
Índia
Inglaterra
Irlanda do Norte
Israel
Iugoslávia
Jordânia
Libéria
Luxemburgo
Malta
Namíbia
Noruega
Omã
Paquistão
Portugal
Reino Unido
San Marino
Serra Leoa
Suazilândia
Suécia
Tanzânia
Uganda
Zâmbia

Espanha
Fiji
Gana
Holanda
Iêmen
Ilhas Canárias
Indonésia
Iriá Ocidental
Islândia
Itália
Jamaica
Kuweit
Liechtenstein
Malaísia
Moçambique
Nigéria
Nova Zelândia
País de Gales
Paraguai
Quênia
Sabah e Sarawak
São Vicente
Sri Lanka
Sudão
Tailândia
Turquia
Uruguai
Zimbábue

4. O sistema brasileiro PAL-M

O sistema particular adotado pelo Brasil é uma variação do sistema PAL alemão. Sua história é interessante: na época da adoção do sistema de cores, o Brasil já contava com um sistema preto e branco que era rigorosamente igual ao dos americanos, isto é, NTSC. Para Herbert Fiuza, em depoimento a Cláudio Mello e Souza, "a pessoa comprava um aparelho nos

Estados Unidos, trazia-o para o Brasil, ligava em uma tomada e ele funcionava perfeitamente"[15].

Era inevitável a adoção de um sistema de cores que também tivesse como padrão o americano, mas esta decisão causou muitas controvérsias dentro do governo militar da época, que acabou optando pelo sistema alemão desenvolvido pela Telefunken: Cláudio Mello e Souza registra:

"Os técnicos brasileiros decidiram-se pela adoção do sistema PAL, que tinha ainda a vantagem de ser tecnicamente mais rico, mais perfeito. Havia um problema a superar: o sistema alemão não era compatível com o preto e branco adotado no Brasil. Para que fosse estabelecida a necessária compatibilização, seria preciso adaptá-lo à realidade brasileira. A adaptação foi feita, e em função dela, à sigla PAL foi acrescentada uma outra letra maiúscula, o M, que indicava ser o sistema brasileiro igual ao alemão somente em termos de cor; em preto e branco ele continuava a obedecer ao padrão americano"[16].

15. MELLO E SOUZA, C. *Quinze anos de história* — JN, p. 120.
16. *Idem*, p. 122.

A CÂMARA ELETRÔNICA

"Não importa o que vocês digam na televisão. O que nos importa é o que aparece."
Paulo Francis, "Presidente usa discrição em Bitburg",
Folha de S. Paulo, 06.05.85.

A captação de imagens em televisão é feita, como no cinema, através de uma câmara. As duas têm a mesma composição estrutural básica, diferenciando-se, entretanto, no conceito de que, ao contrário da câmara de cinema, que impressiona as imagens num filme virgem, na de televisão o processo é eletrônico. No lugar do filme encontra-se o tubo de imagens, que, na maior parte das vezes, envia os sinais captados para um aparelho gravador de imagens. Nas câmaras camcorder existentes, no formato de 1/2 polegada, que substituíram o tubo de imagens por um chip, cujo princípio é o CCD (Charge Couple Device), as imagens são captadas e gravadas na própria câmara, não necessitando de aparelho gravador de imagens em separado. Outras câmaras enviam os sinais diretamente para os domicílios, sem a prévia gravação das imagens. São as transmissões "ao vivo", caso do telejornal no momento da apresentação dos textos pelos locutores no estúdio.

Na câmara eletrônica, o princípio de captação de

imagens é semelhante ao do aparelho de televisão: a imagem é decomposta em inúmeros pontos que, organizados em linhas, são lidos pelo elétron existente dentro do canhão de imagens e codificados para serem transmitidos ou gravados em fita de vídeo-teipe. Mas cada equipamento tem uma capacidade própria de *resolução*, que é determinada pelo seu poder de detalhamento da imagem. O poder de detalhamento da imagem é medido pelo número de pontos e de linhas que o equipamento consegue codificar a cada imagem. Quanto maiores esses números, melhor definição tem o equipamento. No formato U-Matic (3/4 polegada, veja adiante), conseguem-se até 270 linhas por imagem. No recém-lançado S-VHS, as fábricas prometem definição superior a 400 linhas.

A câmara eletrônica apresenta algumas vantagens sobre a de cinema. Com ela, é possível acompanhar a cena que está sendo gravada, e, em muitos casos, corrigir a iluminação ou o diafragma, pois a imagem é, como poderíamos dizer, viva. No cinema, os defeitos só serão percebidos depois da revelação do filme. Com o equipamento eletrônico pode-se rever instantaneamente a cena gravada e refazê-la, se necessário. Como trabalha com fita de vídeo-teipe, pode-se regravar quantas vezes forem necessárias a mesma cena, pois, diferentemente do filme cinematográfico, é possível substituir a cena errada por uma nova sem precisar de novo material. A câmara eletrônica envia o sinal para o gravador de vídeo, que, ao mesmo tempo que apaga a imagem anterior, a substitui por uma nova.

Para a captação das imagens, a câmara eletrônica conta com o tubo de leitura das imagens. Este tubo está colocado imediatamente atrás da objetiva da câmara. A objetiva transfere a imagem para uma pequena tela no interior da câmara, também chamada de "target", e o tubo de elétrons a codifica nesse local. Peter Ruge afirma que "a luz penetra pela objetiva e se transforma em impulsos elétricos; a imagem é decomposta em pontos que liberam, ao serem explo-

rados, um impulso de tensão: o sinal da imagem"[17].
As câmaras em preto e branco possuem um único tubo de leitura de imagens. As primeiras câmaras coloridas e as mais simples, ou de menor, custo também possuem um único tubo para a leitura das três cores básicas. Mas a maioria das câmaras semiprofissionais e profissionais utiliza câmaras com três tubos, cada um responsável por uma cor básica (o vermelho, o azul e o verde).

As câmaras de vídeo possuem visor eletrônico, também chamado "view-finder", para o acompanhamento instantâneo da imagem que está sendo gravada. Ele também possibilita a imediata revisão do material gravado, na ausência de um monitor. O visor eletrônico apresenta algumas vantagens sobre seu correlato do cinema. Ele permite saber se está gravando ou não; se os controles foram acionados pelo operador; se a quantidade de luz é a ideal, e até a marcação do número de voltas já gravadas na fita.

Os equipamentos eletrônicos podem ser simplisticamente chamados de "não-inteligentes", já que necessitam do homem para acionar e controlar sua atuação. Quero dizer que o equipamento eletrônico utilizado pela televisão, e pelo vídeo, não consegue desempenhar suas funções adequadamente sem a interferência direta do homem, ou do técnico especializado.

Um claro exemplo disso é que, diferentemente do olho humano ao "ser ligado" quando acordamos de manhã, a câmara eletrônica nao consegue organizar as cores percebidas do exterior. Por isso necessita de informações precisas para poder captar fielmente as variações de cor dos objetos ou cenas a serem transmitidas ou gravadas. Para isso, as câmaras eletrônicas possuem o controle de branco, como princípio básico de funcionamento. O branco é, como sabemos, a soma de todas as cores. Denominado "white balance", este dispositivo deve ser acionado toda vez que ligamos uma câmara eletrônica. Primeiro deve-

17. RUGE, Peter, ob. cit., p. 45.

se informar à câmara se estamos utilizando luz natural ou artificial. Para isso devemos colocar superfície branca em ângulo adequado para a perfeita captação dessa cor pela câmara. A referência branca traz consigo informações sobre a natureza da luz onde a câmara vai ser operada. Toda vez que se muda de ambiente, nova operação como a descrita deverá ser realizada. Algumas câmaras mais modernas já possuem esse controle gravado em memória codificada de fábrica, restando ao operador informar somente se é luz natural, no exterior, ou se operamos com luz artificial, no interior.

A imagem captada pela câmara pode ser transmitida diretamente ou ainda ser gravada em fita de vídeo-teipe. A fita de vídeo-teipe foi descoberta pelos técnicos da firma americana Ampex em 1956, nos EUA. Entretanto, Anibal Arias Ruíz afirma no livro *El mundo de la televisión* que a primeira tentativa bem sucedida de construir um equipamento "adequado para conservar, para reter a imagem que, uma vez emitida e recebida, desaparecia para sempre" se deu no ano de 1948. Ele lembra que os jornais da época anunciaram em grandes manchetes que "foi fotografado um programa de televisão". Era o kinescópio, que, conforme Arias Ruíz, consistia no "primeiro procedimento de gravações simultâneas de imagens e sons que a história da televisão anota"[18].

Mas não se trata da primeira gravação em fita de vídeo-teipe, que ainda não tinha sido descoberta, e sim da transmissão de uma regata entre as equipes de Oxford e Cambridge, gravado em filme cinematográfico. O primeiro gravador de áudio e vídeo realmente surgiu em 1956, e tinha 2 polegadas de largura, 4 cabeças de gravação e foi batizado de "quadruplex". No Brasil, conforme afirma Mário Ferraz Sampaio, a "utilização do gravador de fitas — o *videoteipe* — só passou a ser feita em 1960, pela TV Tupi, na gravação da peça *Hamlet*, de W. Shakespeare, adapta-

18. RUÍZ, Anibal A., ob. cit., p. 129.

da e dirigida por Dionísio Azevedo"[19].
No início, a aparelhagem era grande e de difícil operação. Não era possível a edição de imagens, pois esse equipamento foi descoberto alguns anos mais tarde. A troca de imagens entre duas máquinas de vídeo era feita, então, com edição manual. No ano de 1966, os técnicos da empresa japonesa Sony produzem o primeiro aparelho de *vídeo portátil*, utilizando fitas de *1/2 polegada*, acondicionadas ainda em *carretéis* e em *preto e branco*. Eram aparelhos rudimentares, pesados e designados de equipamento de 1/2 polegada em formato helicoidal. Somente em 1969 os mesmos técnicos da Sony descobrem o compartimento fechado, o *cassete de vídeo*, o que facilitou muito a operação do equipamento.

Para nós, jornalistas, o ano de 1971 tem um valor especial: é neste ano que a mesma empresa japonesa Sony descobre o equipamento de *3/4 polegada*, que chamaram de "U-Matic". A descoberta desse formato de fita veio resolver um grande problema da captação de imagens exteriores, pois, ou o equipamento era impróprio para o uso externo, pelas enormes e difíceis condições de operação, caso do quadruplex, ou o equipamento apresentava qualidade de gravação muito elementar e imprópria para a exibição numa rede de televisão profissional, caso do de 1/2 polegada. O formato U-Matic passa então a ser largamente utilizado pelas emissoras na captação de imagens e sons em produções externas e sobretudo na produção de reportagens para o jornalismo.

O formato 3/4 de polegada veio resolver o problema da produção de reportagens externas, que, diferentemente da produção "pesada" da televisão, como teleteatros, novelas, shows e espetáculos em geral, não tinha sido facilitado. As produções, fora o telejornalismo, tinham que ser feitas na sua quase totalidade em estúdio, pois a realização de externas exigia o des-

19. SAMPAIO, Mário F. *História do rádio e televisão no Brasil e no mundo*,

locamento de enormes unidades de gravação. A solução veio com o equipamento de 1 polegada, descoberto em 1967. Esse equipamento, que apresenta performance com qualidade igual ou superior ao quadruplex, mas com enormes vantagens na operação e no tamanho da maquinária, substitui atualmente o equipamento de 2 polegadas em praticamente todas as emissoras do mundo.

Com o desenvolvimento constante da eletrônica, foi apresentado ao mercado consumidor amador o formato de 1/4 de polegada pela Tecnicolor em 1980, e, mais recentemente, o vídeo 8 mm e o Super-VHS.

Para maior compreensão desta quantidade razoável de formatos e recursos existentes, gostaria de fazer uma comparação com os descobertos e aplicados no cinema. Esta comparação se torna importante, pois, paralelamente ao formato, pode-se entender os usos e as qualidades das imagens e sons possíveis em cada tipo de equipamento.

Cinema	Vídeo
35 mm, profissional	Quadruplex (2 polegadas) 1 polegada Betacam (1/2 polegada)
16 mm, profissional	U-Matic (3/4 de polegada) S-VHS (1/2 polegada)
8 mm, profissional	VHS (1/2 polegada) Betamax (1/2 polegada) Vídeo 8 mm

Estes detalhes são fundamentais para o perfeito entendimento do fato de que *uma coisa é o formato da fita* e do equipamento, *e outra é o sistema de cor* adotado pelos diferentes grupos de países. Portanto, é comum um equipamento de 1/2 polegada (VHS) ser do sistema NTSC ou PAL-M, um equipamento U-MATIC ser do sistema de cores SECAM, PAL, e assim por diante. Uma coisa é o formato do equipamento, e outra, seu sistema de cores. São freqüentes as confusões nesta área.

CONFIGURAÇÕES DE EQUIPAMENTO

Os videocassetes, tanto no formato semiprofissional U-MATIC como no amador VHS, podem ser fabricados atendendo a duas grandes configurações: os portáteis e os de mesa.
1. *Portáteis:* pela própria palavra, o equipamento portátil deve ser de configuração compacta, logo, muito mais leve e menor do que os outros. São portáteis justamente para facilitar a produção de reportagens e coberturas externas, e devem estar ligados a uma câmara também portátil por um cabo que é comumente chamado "cordão umbilical". Esses videocassetes estão preparados para funcionar com baterias ou com energia elétrica, usando, neste último caso, um pequeno adaptador de corrente. Os equipamentos em formato VHS — das palavras em inglês Video Home System, que em português significam Sistema de Vídeo Doméstico — podem, adaptados a um turner, gravar programação do ar e também reproduzir perfeitamente as imagens realizadas nas externas em televisor doméstico comum.

Os equipamentos portáteis em formato U-MATIC — de 3/4 de polegada — são os utilizados na realização de reportagens na maioria dos departamentos de telejornalismo do mundo. Com este tipo de equipamento é possível acompanhar e reproduzir a gravação da reportagem *in loco*, para corrigir possíveis falhas durante a sua realização.

2. *Equipamento de mesa ou modular:* os equipamentos de mesa no formato VHS são próprios e indicados para a reprodução de fitas alugadas em videolocadoras ou gravadas com os equipamentos portáteis domésticos. Podem também gravar imagens se a eles adaptarmos uma câmara de vídeo, ou ainda a programação das emissoras diretamente do ar. No formato U-MATIC, são apropriados para a montagem de ilha de edição, que é o local onde vamos editar nossas reportagens produzidas em externas ou mesmo em estúdio.

Os videocassetes domésticos VHS apresentam a vantagem da gravação em três velocidades: a *SP*, com duração de *2 horas*; a *LP*, com duração de *4 horas*, e a *SLP*, com duração de *6 horas*. Com este recurso é possível gravar mais tempo de programa, proporcionando maior aproveitamento da fita, mas com inevitável detrimento da qualidade de gravação.

Demonstramos anteriormente como as imagens são percebidas e transmitidas, eletronicamente; qual o seu princípio de captação; os sistemas de cores, além dos formatos de fitas e equipamentos. Mas como são gravadas as imagens nas fitas? Diferentemente das imagens sensibilizadas num filme cinematográfico, na fita de vídeo-teipe não é possível, a olho nu, perceber as imagens gravadas.

Na fita de vídeo-teipe as imagens são gravadas eletronicamente em linhas colocadas de forma inclinada ao deslocamento da fita. No equipamento quadruplex, eram 4 cabeças de gravação que trabalhavam perpendicularmente ao deslocamento da fita. Nos equipamentos de 1 polegada, 1/2 e 3/4 de polegada, as cabeças foram diminuídas para 2, e o trabalho delas passou a ser realizado diagonalmente ao deslocamento da fita. Conforme define Jairo Tadeu Longhi: "A fita de vídeo-teipe é composta de um suporte de mylar (poliéster) com 1 milésimo de polegada de espessura, e o óxido de ferro e cobalto com 0,4 milésimos de polegada de espessura (portanto, aquele duas vezes e meia mais espesso, proporcionando isolação plástica que evita a imantação da fita quando enrolada)"[20].

Na luta pela definição do formato que vai imperar no mercado mundial, muita coisa tem acontecido nos últimos tempos. Um exemplo claro desta concorrência é o surgimento do formato Super-VHS. Diferentemente da maioria dos equipamentos VHS normais, cuja câmara não consegue mais de 250 linhas de definição, o Super-VHS promete chegar a 400 linhas, superando até mesmo o equipamento U-MATIC. E igualando a performance do equipamento profissional de 1 polegada, que consegue 400 linhas de resolução, mas custa absurdamente mais. Márcio Miranda afirma que "o Super-VHS é um formato de 1/2 polegada que alcança a definição horizontal de 400 linhas cuja qualidade de imagem é comparável com a gerada por equipamentos altamente sofisticados de 1 polegada, tanto pela sua definição quanto pela diminuição da interferência na luminância (brilho) e crominância (cor)"[21].

Para Daniel Millman, no "sistema VHS convencional o sinal de vídeo é composto, ou seja, o sinal de crominância (cores) e o sinal de luminância (preto e branco) são gravados juntos, enquanto no sistema Super-VHS o sinal é componente — crominância e luminância são sinais gravados separadamente"[22].

Os próximos seis meses vão ser fundamentais para a consagração ou não do formato S-VHS como substituto de formatos intermediários, e quem sabe até mesmo do U-MATIC, de 3/4 de polegada, que é o equipamento usado pela maioria dos departamentos de

20. LONGHI, Jairo T. Manual do videocassete, p. 114.
21. MIRANDA, Mario, Folha de S. Paulo, 11.03.87.
22. MILLMAN, Daniel, Folha de S. Paulo, 27.05.87, p. B-7.

jornalismo do mundo inteiro. A chegada e a comprovação de suas qualidades vai trazer, entretanto, profundas mudanças na captação de imagens e na produção de reportagens externas. O Super-VHS profissional dispensa gravador separado, já que é uma camcorder (gravador e câmara juntos), e vai, inevitavelmente, eliminar o operador de vídeo presente às reportagens externas e a dependência do operador da câmara a esse profissional. Além disso, como se trata de uma camcorder, totalmente equipada com chips, seguindo o princípio do CCD, vai eliminar definitivamente os tubos de imagens, o tamanho e conseqüentemente o peso do equipamento, o que vai facilitar profundamente a atuação do cameraman em reportagens difíceis de realizar.

LINGUAGEM TELEVISUAL

A imagem tem papel extremamente importante na televisão. A regra é válida também para o telejornalismo, o que provoca nos profissionais de jornalismo uma inevitável necessidade de conhecimento das potencialidades de expressão da comunicação cinética. É fundamental que o telejornalista domine o processo da comunicação com as imagens em movimento e com todos os seus elementos expressivos, tais como o som, a iluminação e os cenários. É com o conhecimento de todos esses elementos que se torna concreta a intenção de comunicar algum fato para os telespectadores.
O estudo tem que passar inclusive pela análise das possibilidades semânticas da imagem em movimento. Pelas características subliminares da codificação e decodificação sociais das imagens. Por seu significado cultural concreto e abstrato. Para tornar mais claro o conceito, buscamos suporte no raciocínio de um grande cineasta, já que considero o cinema a primeira e mais sólida forma de expressão cinética. John

Huston afirmou que no cinema, "antes de falar em estilo, é preciso falar em gramática. Porque existe de fato uma gramática do cinema. As normas não são tão inexoráveis como as da linguagem, e se encontram nas próprias imagens"[23]. Mas qual é essa gramática citada pelo grande diretor americano? É esse o assunto deste item, no qual pretendemos tratar da forma da utilização das imagens e suas normas básicas como expressão cinética.

Faz-se necessário ressaltar as seguintes premissas: primeiro, o conceito de que as imagens não existem sozinhas. Elas estão acompanhadas dos sons correspondentes à ação captada. Na seqüência, quando falamos de imagens, queremos citá-las como "sucessão de imagens paradas", que reproduzem o movimento dos objetos e pessoas. As imagens trazem consigo o significado da profundidade de campo do enquadramento; a instigação dos movimentos das câmaras — que podem sempre revelar um fato novo, desconhecido do telespectador —, ou ainda os novos cenários da ação. Peter Ruge afirma que "as mudanças de cenário despertam o interesse. Indicam que começa algo novo. O espectador entra de novo na ação graças à variedade de imagens"[24]. A preocupação com a constante variedade de enquadramento e de cenários tem sido freqüente na mente da maioria dos repórteres e cameraman que trabalham em televisão. Este é um recurso importantíssimo para despertar a atenção do telespectador. Entretanto, não é uma regra imbatível e que deve ser rigidamente seguida. A criatividade, na tentativa de não rotinizar o processo de captação de imagens, tem mostrado outras possibilidades, que são tentadas de tempos em tempos. O próprio John Huston afirma que "se a gente puder aproveitar dois ou três planos já preparados de antemão — passando de um enquadramento equilibrado para outro, sem cortar —, é possível criar uma sensação de abun-

---

23. HUSTON, John. Um livro aberto, p. 409.
24. RUGE, Peter, ob. cit., p. 40.

dância, graça e fluência"[25]. Quer dizer, não se trata de seguir metodicamente uma possibilidade nem outra, e sim de saber mesclá-las adequadamente.

Vamos nos deter um pouco no que o diretor John Huston citou e que, anteriormente, apresentamos como gramática no cinema. Nenhum recurso visual ou de montagem deve ser entendido como gratuito no processo de comunicação cinética. Todo e qualquer efeito visual ou sonoro deve ter intrinsecamente uma razão maior de ser do que a de simplesmente embelezar uma sucessão de imagens. John Huston afirma que "o clareamento gradativo ou o escurecimento de uma cena são muito parecidos com o ato de acordar ou adormecer. A fusão indica um lapso de tempo ou uma mudança de lugar. Ou pode ainda indicar a ocorrência simultânea de várias coisas em lugares diferentes"[26]. A dosagem destas variáveis é que vai determinar maior ou menor poder de comunicação a uma mensagem televisual ou cinematográfica.

A maioria dos códigos desenvolvidos e hoje empregados no cinema são os aproveitados na televisão. Isto é válido também para o telejornal. Para uma apresentação básica do que poderá ser chamado "linguagem visual" em televisão, gostaria de apresentar os mais importantes desses códigos, justamente aqueles que fazem parte da prática telejornalística.

Eles podem, de maneira simples, ser divididos em dois grandes grupos: os *movimentos óticos* e os *mecânicos*. Vamos abordar inicialmente os movimentos de câmara mecânicos.

O primeiro é a *panorâmica*. Trata-se de movimento no eixo da câmara, sem deslocá-la do lugar. A câmara capta imagens da esquerda para a direita e vice-versa, ou ainda de cima para baixo e vice-versa. Também é possível a combinação de movimentos nestes dois grandes eixos. É o tipo do movimento que delicia quem pega uma câmara e não tem domínio da

---

25. HUSTON, John, ob. cit., p. 412.
26. HUSTON, John, ob. cit., p. 409.

linguagem visual como um todo. Pode-se pensar que se trata de um movimento amplamente utilizado no cinema ou na televisão, mas Peter Ruge alerta para um fato curioso: ele afirma que "em uma boa película comercial, o observador atento poderá contar menos de dez panorâmicas... trabalhar com panorâmicas parece muito fácil, mas não compensa"[27]. No telejornalismo, este tipo de movimento deve ser muito bem dosado e usado parcimoniosamente. Não deve ser uma constante, já que, no movimento panorâmico, a ação pode durar inesgotáveis segundos, o que pode desinteressar o telespectador e dificultar a edição. Além disso, o movimento panorâmico deve começar por uma imagem fixa e terminar do mesmo jeito, o que vai consumir necessariamente ainda mais tempo.

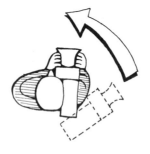

panorâmica

Ainda na classe dos movimentos mecânicos, temos o travelling, que não consta com nome próprio em nossa língua. Trata-se de um tipo de movimento particular, que, como a própria palavra em inglês sugere, deve "deslocar-se de um ponto para outro". O movimento do travelling é realizado justamente para aproximar o objeto desejado na gravação com o deslocamento da câmara na sua direção. Chegando perto ou se afastando do alvo desejado. Sempre com o deslocamento da câmara e do seu operador. Pode também combinar movimentos de deslocamento hori-

---

27. RUGE, Peter, ob. cit, p. 95.

zontal da esquerda para a direita (e vice-versa) com movimentos de aproximação ou distanciamento do objeto. É possível combinar-se também panorâmicas com movimentos de travelling.

travelling

Outra possibilidade de aproximar os objetos ou pessoas no enquadramento da câmara é utilizar os *movimentos óticos*, possíveis na totalidade das câmaras existentes no mercado atualmente. É o tipo do movimento realizado com os jogos de lentes chamados "zoom". O movimento zoom de aproximação é o zoom-in, e quando afastamos o objeto no enquadramento da câmara é o zoom-out.

zoom-in

zoom-out

Em relação aos tipos de enquadramentos básicos utilizados na prática do telejornalismo, apresentamos ilustrações com os sete tipos de planos fundamentais para a linguagem telejornalística.

plano geral

plano de conjunto   *plano próximo*

plano médio   *close*

plano americano   *plano de detalhe*

Uma técnica fundamental na linguagem telejornalística é a *regra dos 180 graus*. Trata-se da sucessão de atitudes técnicas quanto ao enquadramento de planos para a produção de entrevistas para a televisão. É uma regra imprescindível, e deve ser rigidamente seguida. Tem o seguinte fundamento: quando se realiza uma entrevista para telejornalismo, três participantes da reportagem — o entrevistado, o repórter e o cameraman — têm de estar posicionados de um só lado de uma linha imaginária que divide o cenário em dois. Para isso, deve-se traçar uma linha que ligue o repórter e o entrevistado. Essa linha se prolonga até o infinito, nos dois sentidos. Em seguida, deve-se realizar todo o trabalho visual da entrevista de um só lado dessa linha imaginária. Vejamos a ilustração:

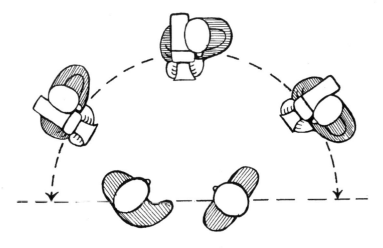

Com a regra dos 180° fica mais claro o conceito da necessidade da realização dos *contraplanos* da entrevista. Os contraplanos são os enquadramentos que mostram o rosto do repórter no momento em que o entrevistado está falando ou ouvindo a pergunta dele. O rosto do repórter é importante, pois possibilita, na edição, ponto de corte na resposta do entrevistado. E também porque, num primeiro instante, o repórter está de costas e na seqüência, faz nova pergunta. Nesse momento é importante vê-lo de frente, quando da sua interferência. O contraplano passa a sensação de que no local da reportagem existiam duas câmaras. Mas trata-se de uma única unidade de gravação. O repórter deverá realizar os contraplanos (e conseqüentemente suas segundas e terceiras perguntas) no final da reportagem, na presença ou não do entrevistado. Se o entrevistado estiver no local, o enquadramento deverá mostrá-lo recortado no vídeo. Caso contrário, deverá aparecer somente o repórter.

ILUMINAÇÃO BÁSICA

> "Você só escapa de uma ditadura técnica se dominar conceitualmente o meio."
>
> Paulo Roberto Leandro
> XIII Semana de Estudos de Jornalismo, ECA/USP, *AUN* 26.06.87, p. 7.

Afirmamos anteriormente que o olho humano tem razoável incapacidade de perceber detalhes de objetos acima de certo limite visual. Em seguida, relacionamos a teoria de Pierre Grivet e Pierre Herreng e o conceito do "poder separador do olho". Mas, se o olho humano tem pequeno poder detalhador — como no caso das fotos impressas pelo sistema de retículas —, os equipamentos para captação de imagens também têm limitações que condicionam a qualidade do que é selecionado e guardado, quer seja numa fita de videoteipe, ou ainda num negativo fotográfico.

Quanto maior a quantidade de luz existente num determinado local, maior deverá ser também a quantidade de detalhes que se pode perceber. Tanto através do olho humano como pelo equipamento de captação de imagens. Peter Ruge revela: "Se a iluminação é deficiente, todos os objetos resultam cinza, não adquirem colorido até que incida sobre eles luz suficiente"[28]. Esta regra é válida sobretudo na captação de

---

28. RUGE, Peter, ob. cit., p. 75.

imagens, ao se usar qualquer tipo de equipamento, quer seja fotográfico, de cinema ou televisão.

No caso do olho humano, a situação é semelhante justamente por causa da presença dos cones e bastonetes. Jairo Tadeu Longhi afirma: "Na retina, região do fundo do olho humano, existem receptores sensíveis às cores (os cones) e sensíveis à luz (os bastonetes). A quantidade de bastonetes é bem maior que a de cones, numa relação de 100 a 130 milhões de receptores sensíveis à luz contra 6 a 7 milhões sensíveis às cores. Além dessa diferença numérica, os cones só começam a funcionar, isto é, a discriminar as cores a partir de determinado nível de iluminação. E à medida que a luz aumenta, os cones também aumentam sua sensibilidade, compensando a inferioridade numérica. Conclusão: percebem-se melhor as cores quando o ambiente for mais bem iluminado"[29].

O princípio básico da iluminação é o do condicionamento da realidade nas situações em que a luz existente não seja suficiente para a percepção das informações visuais pelo olho humano ou pelo equipamento. Pode-se dizer que o objetivo da iluminação é o de tentar "imitar" artificialmente as condições de luz da realidade, através do uso de refletores que reproduzem as condições da luz natural dos objetos e cenários. A função da iluminação artificial é a de elevar o nível luminoso refletido pelos objetos, pessoas ou cenários até um valor que seja suficiente para que o olho, ou a câmara de vídeo, possam captá-los em toda a dimensão e detalhes.

Na experiência diária, as pessoas ou objetos são iluminados preferencialmente de uma certa direção e por uma fonte de luz definida. Como por exemplo pelo sol, por um abajur, uma fogueira ou ainda pela luz de um poste de rua. Uma característica dos tipos de luzes artificiais que reproduzem as condições naturais é a de que toda fonte luminosa apresenta uma dominante de cor definida. Uma lâmpada comum de

---

29. LONGHI, Jairo Tadeu, Folha Informática, 10.06.87.

ILUMINAÇÃO BÁSICA 145

casa, por exemplo. Ela emite luz com dominante amarela. A luz do céu tem dominante azul, a fogueira, vermelha e a luz fluorescente, verde. O olho humano não distingue estas dominantes e percebe os objetos com todas as suas cores particulares. Mas o mesmo não se dá com o equipamento eletrônico ou fotográfico, que não consegue "compensar" por si só os efeitos das dominantes de cor. Um exemplo objetivo: se usarmos um filme fotográfico para luz artificial durante o dia (com a luz natural), toda a área da foto vai ficar amarelada. Portanto, sem a presença definida das outras cores, que, quando perceptíveis, se apresentarão fortemente despersonalizadas. A dominante de cor também varia de acordo com as horas do dia. Temos dominante vermelha na parte da manhã e azul no fim do dia, por exemplo.

Para medir a temperatura das cores se padronizou um valor internacionalmente aceito: a escala em graus Kelvin. Isto em reconhecimento ao cientista do mesmo nome, que foi quem primeiro se interessou pelos valores cromáticos dos objetos e os codificou.

Cada fonte luminosa tem sua própria temperatura de cor. Isto influencia diretamente o ambiente e, conseqüentemente, a imagem gravada. Alguns exemplos: uma vela doméstica tem 1 000 graus Kelvin. O nascer do Sol, 2 000°K. O meio-dia, com céu claro, 5 000°K.

Para o presente trabalho e seus objetivos didáticos, o que é fundamental é o conhecimento básico destes conceitos e suas funções específicas na reportagem. É importante ter conhecimento de que as cores muito escuras, como o azul-marinho, o roxo-vivo, o marrom-escuro ou ainda o preto-carvão refletem quantidades muito limitadas de luz, não fornecendo definição nem detalhes dos objetos. Essas cores não são boas para se usar na televisão — nem no telejornalismo —, e devem, portanto, ser evitadas. Em contrapartida, cores que refletem muita luz também devem ser substituídas. O branco puro, por exemplo. Uma camisa branca reflete 90 por cento da luz que incide sobre ela, e deve ser evitada na televisão, por um motivo simples: o rosto da pessoa que a usa reflete somente 30 por cento. Se se ilumina uma pessoa vestida com camisa branca, a câmara vai captar corretamente a camisa e escurecer o rosto da pessoa, ou vice-versa: se optar pelo rosto do portador, a camisa vai "estourar" no vídeo.

Peter Ruge aconselha: "Para descrever com maior segurança uma cor, temos que fazer uso de três características: a *tonalidade*, a *saturação* e a *luminosidade*. "Sem dúvida", diz ele, "tem cores que, parecendo iguais, podem reproduzir-se como distintas na câmara. O determinante é o tipo de luz"[30]. Tonalidade é a qualidade pela qual distinguimos uma cor da outra. O vermelho do amarelo, por exemplo. Ou outras cores quaisquer. Entretanto, a tonalidade não nos diz se a cor é clara, escura, forte ou fraca. Esta é a função do valor de luminância ou brilho. O valor de luminância ou brilho é a qualidade pela qual distinguimos uma cor clara de uma escura. E a saturação é a característica da pureza ou intensidade das cores. O vermelho puro, o vermelho diluído com branco, etc.

Partindo do princípio de que a iluminação é uma tentativa de imitação da realidade, o tipo de iluminação a ser empregado será determinado pela realidade que se quer reconstituir. No caso do telejornalismo, a reprodução da realidade é, dentro das possibilidades de trabalho com a luz, ao mesmo tempo, de uma rigidez espartana, mas também possibilita algum grau de criatividade. São três os tipos de luzes que devem ser aplicados numa entrevista para telejornal: a *luz principal*, também chamada de "luz-chave", a *contraluz* e a *luz atenuante*. Juntas, definem o conceito de iluminação chamado de *três pontos*.

Vamos descrever os princípios da ação destes três tipos de fontes para iluminar uma pessoa. A *luz principal* tem a função de fornecer a iluminação-chave do rosto da pessoa ou do centro da ação. Ela denota

---

30. RUGE, Peter, ob. cit., p. 75.

ILUMINAÇÃO BÁSICA

a direção de sua origem, e é o ponto de referência para o subconsciente do telespectador a respeito do ambiente que cerca a pessoa. Ela tem a função clara de fornecer a principal fonte luminosa que atinge a pessoa ou o cenário. Ela é, portanto, a principal luz da realidade recriada no estúdio.

Na maioria das vezes, a luz principal atinge as pessoas ou objetos de cima para baixo. A *contraluz* funciona como auxiliar, para tornar mais marcante o efeito da luz irradiada, dando luminosidade mais intensa aos contornos superiores dos objetos ou pessoas. Esta luminosidade nas bordas dos objetos tem ainda a função de destacar o objeto desejado do resto do cenário. Ela incide normalmente no contorno das pessoas, principalmente no cabelo e ombros. É projetada de trás da pessoa enquadrada pela câmara, quase rente ao fundo do cenário.

A *luz atenuante* tem a função de minimizar a ação da luz principal, que, mais potente que as demais, deixa fortemente definidas as zonas iluminadas e escuras, principalmente as do rosto das pessoas. A luz atenuante é uma luz auxiliar; ela não poderá provocar sombra própria que interfira na direção da iluminação base, definida pela luz principal.

A seguir, indicamos as regras básicas para o uso dos refletores da iluminação de três pontos:

1. *Luz chave ou principal:* é, como afirmamos anteriormente, a principal fonte de luz. Ela deverá estar posicionada perto do eixo ótico (linha câmara-entrevistado), à direita ou à esquerda. Poderá estar afixada num tripé ou segura pelo iluminador, dirigida de cima para baixo, para evitar sombras nas paredes.
2. *Contraluz:* dirigida de trás do entrevistado, de cima para baixo. Pode receber filtro azul ou vermelho, o que sempre dá agradável efeito plástico.
3. *Luz atenuante:* também deverá estar posicionada perto do eixo ótico, só que sempre do lado contrário à posição da luz principal. Sua lâmpada é

de intensidade menor que a luz principal, e pode, dependendo da situação, estar suportada em tripé ou pelo iluminador auxiliar.

Apesar de termos apresentado como ideal o princípio de iluminação de três pontos, é freqüente nas reportagens externas a iluminação ser feita por uma só fonte luminosa, devido à escassez de tempo, que é sempre uma característica freqüente na televisão. Ou ainda pela economia de equipamento e recursos humanos. Na iluminação com uma só fonte de luz, é comum o uso do que se chama *cruzeta*. É um equipamento com 4 lâmpadas de 500/600 Watts, que tem um grave impecilho: funciona à base de energia elétrica. Isso sempre limita a mobilidade da equipe. Há ainda a *tezeta*, variante da cruzeta, que usa, entretanto, só duas lâmpadas de 500 Watts.

Nas emissoras mais cuidadosas, é freqüente o uso do *Sun-Gun*. O Sun-Gun é um refletor de um só ponto de luz, com lâmpada de 250 Watts, que apresenta uma grande vantagem: funciona com bateria portátil que tem duração de operação de meia hora, aproximadamente. É o equipamento de iluminação ideal para a reportagem externa, justamente pela sua portabilidade, mas seu uso não é comum, pelo alto custo do equipamento.

SONOPLASTIA E CAPTAÇÃO SONORA

Diferentemente dos conceitos que apresentamos quanto às limitações do olho humano na percepção das informações visuais, o ouvido, elemento fundamental para a captação das informações sonoras, apresenta alguns princípios na sua interação com o mundo exterior. O ouvido, e sobretudo o cérebro, possui capacidade de percepção dos sons com detalhamento invejável aos olhos. O ouvido possui o que se pode chamar de "seletividade variável" na escolha das informações sonoras que lhe interessam. O princípio é denominado de "escuta inteligente". Esta é a capacidade que permite ao ser humano conversar em lugar barulhento e separar no ambiente os sons que ele deseja ouvir. É seguro que esta é uma atividade cansativa para o cérebro, mas é ela que permite ao homem individualizar o som de determinado instrumento de uma sinfônica, por exemplo.
 Os conceitos arrolados neste trabalho dizem respeito às características de funcionamento dos órgãos

humanos quanto à decodificação das informações auditivas e visuais. E quanto à codificação técnica dessas informações pelo equipamento? Afirmamos em segmento anterior que as câmaras e também o olho humano têm dificuldades e limitações em relação à distinção de informações visuais sob determinadas condições. Por isso, apresentamos o recurso da iluminação para a devida compreensão da magnitude das imagens.

Identicamente às limitações da câmara, os aparelhos de captação de sons, os microfones, também têm reduzida capacidade de atuação. Isto se deve, em parte, às características técnicas dos equipamentos. Mas também à dificuldade de codificação das informações sonoras presentes na realidade. Para esclarecer o conceito, apresentamos o que relata Eduardo Neiva Júnior sobre uma pesquisa curiosa. Ele descreve a experiência feita por M. Aronson: este "resolve transferir diretamente os ruídos naturais de uma chegada de trem para uma transmissão radiofônica. O resultado é um desastre: o valor informativo do ruído natural é mínimo; não há como discriminá-lo com clareza, não se pode reconhecê-lo"[31]. Podemos concluir desta informação que nem toda informação sonora natural, claramente perceptível e identificável pelo ouvido humano, tem possibilidade de aplicação direta à comunicação eletrônica. É justamente por causa desta limitação que muitos sons e ruídos naturais são produzidos em estúdios com objetos que em nada lembram os originais.

Mas, no caso específico do telejornalismo, os equipamentos existentes, apesar das limitações técnicas na captação da "plasticidade sonora", têm fundamental utilidade. É com eles que os repórteres de televisão trabalham e captam os sons dos palcos da ação jornalística e dos entrevistados.

A função básica do microfone é captar e converter a energia sonora (música, ruídos e falas) em energia

---

31. NEIVA JR., Eduardo, ob. cit., p. 12.

SONOPLASTIA E CAPTAÇÃO SONORA 151

elétrica. David Cheshire afirma: "O som é a sucessão de uma série de ondas de pressão provocadas no ar por um objeto vibrante, como a corda de um violino, a voz humana ou ainda um alto-falante. As moléculas do ar vibram para trás e para a frente e chegam ao tímpano, que por sua vez vibra, produzindo a sensação 'sonora' "[32]. A natureza da vibração sonora se dá num único sentido: para a frente e para trás, e nunca para cima e para baixo. Por isso se caracteriza a transmissão sonora como de natureza ondulatória, que, pela constância dessas ondas, nos define um termo importante para o estudo da informação sonora: a freqüência.

A freqüência é determinada pelo número de ondas produzidas no ar pela fonte sonora durante determinada fração de tempo. A unidade utilizada é o *Hertz*, e equivale a 1 ciclo por segundo. Peter Ruge revela: "São audíveis sons compreendidos na gama de freqüência de 16 Hertz a 16 Kilohertz"[33]. O aparelho que capta e codifica esta vasta gama de informações sonoras é o microfone. Vamos conhecê-lo melhor.

O microfone é constituído essencialmente pela presença, em seu interior, de uma membrana fina, conhecida como diafragma. Este diafragma vibra mecanicamente a partir da ação das ondas sonoras, provenientes da fonte original. As vibrações desta membrana são convertidas em sinais elétricos que têm freqüências equivalentes às da fonte sonora original. Os microfones diferem entre si basicamente pela maneira como a vibração do diafragma é convertida em energia elétrica.

Peter Ruge revela que "os microfones têm sensibilidades e características de recepção muito distintas. São de dois tipos: os microfones dinâmicos (pouco sensíveis, porém fortes e de boa qualidade sonora) e os microfones eletroestáticos ou de condensador (que são sensíveis, de excelente qualidade, porém de pouca re-

32. CHESHIRE, David, *Manual de cinema*, p. 110.
33. RUGE, Peter, ob. cit., p. 74

sistência aos ruídos)"[34]. Um outro valor que deve entrar na avaliação da performance de um microfone é a impedância. David Cheshire define impedância como "a resistência total oferecida pelo sistema elétrico, medida em Ohms"[35]. E completa: "Em geral, os microfones podem ser classificados como de alta, média ou baixa impedância... Os microfones de alta impedância são de baixa qualidade, e os de baixa impedância oferecem qualidade elevada"[36].

Estes valores entram na avaliação da performance dos microfones, e interferem diretamente na qualidade dos sons captados por eles. Mas um valor específico determina fundamentalmente a qualidade sonora codificada pelos microfones: sua *característica direcional*.

Os diferentes tipos de microfones não se comportam da mesma maneira. Cada modelo tem característica direcional particular. Esta característica é definida pela direção preferencial na qual a atuação do microfone é mais satisfatória. Dessa forma, a posição da fonte sonora tem valor fundamental na obtenção da melhor performance do microfone, e, conseqüentemente, da qualidade do som gravado.

Quanto às suas características direcionais, os microfones são classificados em três tipos básicos:

1. microfones omnidirecionais;
2. microfones bidirecionais;
3. microfones direcionais.

MICROFONES OMNIDIRECIONAIS

Os microfones omnidirecionais cobrem teoricamente um vastíssimo campo, podendo captar ondas sonoras de todas as direções, num ângulo de 360°. Justamente por esta característica, os microfones omnidire-

---
34. *Idem.*
35. CHESHIRE, David, ob. cit., p. 123.
36. *Idem.*

cionais não são adequados para a realização de entrevista para a televisão. Captam, junto com os sons que nos interessam, os sons "piratas" existentes no ambiente da gravação. Como são sensíveis, devem ser usados muito próximo da fonte sonora. Em interiores, percebem a reverberação do ambiente, podendo provocar a sensação de "eco" na entrevista. São microfones indicados para a gravação de festas, jogos e sobretudo orquestras e conjuntos musicais em que se usa um único aparelho.

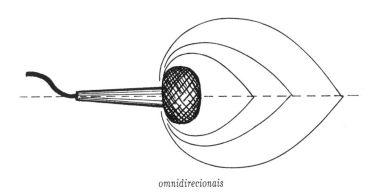

omnidirecionais

MICROFONES BIDIRECIONAIS

São também chamados de "figura 8" por suas características de atuação: captam informações sonoras provenientes de direções opostas. Portanto, têm dois lados "vivos", frente e costas, e quatro lados "mortos": as laterais, a frente e a traseira dos microfones. São empregados quase exclusivamente em estúdios, para captação de diálogos entre dois interlocutores, que devem se colocar de frente para os lados "vivos". São também muito sensíveis ao vento e a sons muito fortes, como os instrumentos musicais muito potentes. Seu uso deve ser restrito a estes princípios técnicos de atuação.

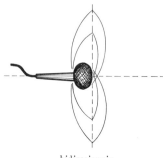

bidirecionais

MICROFONES DIRECIONAIS

A principal característica deste tipo de microfone é a de captar sons que chegam de uma única direção. Os sons provenientes das outras direções são muito fracamente perceptíveis, sobretudo os oriundos da parte de trás do microfone. Salvo aquelas provenientes da direção principal, todas as outras informações sonoras são captadas de forma fortemente atenuada.
São subdivididos em três grandes grupos:

I. o tipo *cardióide;*
II. o tipo *supercardióide;*
III. o tipo *hipercardióide* ou *ultradirecional.*
IV. o tipo *lapela*

Vamos descrever suas características e formas de atuação.

Cardióide

São aqueles cujo campo de captação sonora têm a forma de um coração, daí a origem do nome. São muito sensíveis aos sons que chegam frontalmente e pouco eficientes com relação aos sons provenientes da parte de trás dos microfones. Os sons provenientes das laterais são captados de forma atenuada, e, dependendo dos fabricantes, este tipo de microfone pode ser mais ou menos sensível a estas fontes sonoras secundárias.

Por esta característica principal, os microfones cardióides são os mais indicados para a prática da reportagem externa. Eles eliminam boa parte dos ruídos indesejáveis existentes nestas produções. É também indicado para a gravação em estúdio, uma vez que eles permitem "separar" os instrumentos musicais de um conjunto ou orquestra. Ou ainda, por evitar a reverberação excessiva presente em ambientes fechados.

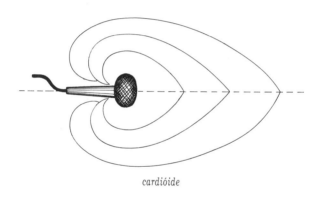

cardióide

Supercardióides

Têm características muito próximas às dos cardióides, sendo porém mais sensíveis aos sons provenientes da parte frontal do microfone. Apresentam ainda leve sensibilidade para as informações sonoras existentes na parte de trás do aparelho. Desta forma, se existir uma fonte sonora muito próxima na parte traseira do microfone, ela poderá ser captada, muito embora esse tipo de microfone apresente a sua melhor atuação na parte da frente.

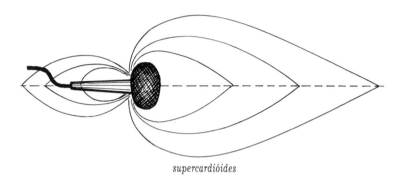

supercardióides

Hipercardióides ou Ultradirecionais

Também chamados de canhão, devido à sua extraordinária sensibilidade aos sons frontais. Apresentam ainda uma pequena sensibilidade aos sons da parte de trás do microfone, maior que a dos supercardióides e cardióides. Dependendo da intensidade e da distância das fontes sonoras frontais e traseiras, o microfone ultradirecional poderá apresentar rendimento maior ao som de trás, abafando o som frontal. Os sons laterais são percebidos de forma bastante atenuada, não interferindo na qualidade sonora gravada. Entretanto, devido à sua extraordinária sensibilidade, poderá captar fontes secundárias existentes na parte frontal e distantes da fonte sonora principal, no chamado "eixo sonoro". Isto significa que os sons situados atrás da fonte sonora principal, embora afastados, também poderão ser captados, e, dependendo da intensidade, encobrir o som mais importante. Este tipo de microfone é comumente empregado para tomadas a longa distância, principalmente em reportagens externas, em situações onde é impossível a aproximação do técnico de som da fonte sonora.

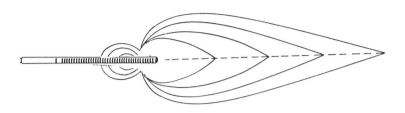

hipercardióides ou ultradirecionais

Lapela

O último e mais freqüente tipo de microfone usado em telejornais é o microfone de *lapela* ou *Lavalier*. É usado em reportagens em que seja possível pedir ao entrevistado a colocação do microfone na sua gravata ou paletó. É muito usado na apresentação dos telejornais. É um microfone do tipo omnidirecional. Pode também ser usado em entrevistas de estúdio e em reportagens externas, quando se quer eliminar do vídeo a mão do repórter.

lapela

O microfone é uma peça delicada, e deverá receber atenções especiais quando do seu uso e transporte. Indicamos alguns cuidados básicos:
    a) Não se deve assoprar em um microfone para

se certificar de que ele está funcionando. A pressão do ar exercida pelo sopro poderá deslocar e até romper a membrana vibratória interna, o que danificará irremediavelmente o microfone.

b) Quedas e pancadas com a mão poderão também deslocar ou romper a membrana vibratória. O risco de dano é idêntico ao do caso anterior.

c) Locais muito úmidos devem ser evitados para guardar os microfones, já que a umidade excessiva também poderá romper o diafragma vibratório, ou ainda diminuir a sua sensibilidade.

d) Para a captação da voz, o microfone deverá ficar posicionado a 20 centímetros da boca de quem fala. Esta distância é a que garante o melhor desempenho do microfone e evita que certas palavras formadas por consoantes explosivas (p, t) produzam aqueles "pufes" indesejáveis que aparecem sempre que ele estiver muito perto da boca das pessoas.

e) Para a realização de entrevistas em lugares muito abertos, sujeitos à ação do vento, é aconselhável o uso de um protetor de espuma que envolva a parte sensível do microfone. Sem esse protetor, os "pufes" aparecerão de forma acentuada, e comprometerão a qualidade da gravação.

f) Não se deve apertar excessivamente um microfone ao usá-lo em entrevistas. A força demasiada cansará os músculos do braço de quem segura o microfone, obrigando o portador a procurar posição mais confortável, o que vai seguramente produzir ruído.

GLOSSÁRIO

ABERT — Associação Brasileira de Emissoras de Rádio e Televisão — entidade patronal que reúne e representa as emissoras de televisão e rádio do país.

ABERTURA — Seqüência que inicia os programas de televisão e dá os devidos créditos aos profissionais que compõem a equipe artística do programa.

ABERTURA DE MATÉRIA — Início da notícia. Deve ser produzida pelo repórter no local da ação. Gravada em vídeo, ao vivo, ou lida pelo apresentador no estúdio.

AÇÃO — Ordem dada pelo diretor de cinema ou televisão para que a cena comece a ser gravada ou filmada. Atualmente é substituída pela expressão "gravando". É também o termo que descreve a movimentação que acontece na frente da câmara.

A.D.O. — Abreviação de "Ampex Digital Optics". É um equipamento gerador de efeitos digitais eletrônicos. Permite criar imensa quantidade de efeitos

	visuais através de movimentos nos eixos X, Y e Z da imagem.
AFASTAMENTO	Termo brasileiro que substitui "zoom-out" e tem o mesmo significado que ele. Afasta o objeto ou cenário através da variação ótica da lente.
ALTA DEFINIÇÃO	Captação e reprodução da imagem nos mínimos detalhes, de forma que todos os elementos visuais possam ser nitidamente visíveis.
ALTA FIDELIDADE	Capacidade de captação e reprodução do som em todas as suas diferentes freqüências audíveis e suas variações de intensidade.
AMARRAR INFORMAÇÕES	Ordenação dos dados levantados pela pesquisa, pela chefia de reportagem ou pelo repórter, de forma segura e seqüencial, visando à coerência das informações.
AO VIVO	Transmissão realizada no exato momento em que o fato está acontecendo.
APRESENTADOR	Profissional (jornalista ou radialista) condutor de um programa. Lê as várias notícias que compõem o telejornal a partir do estúdio. É o elemento de ligação, introdução e explicação da ação no estúdio. Não emite opinião, expressão facial ou entonação auditiva próprias.
APROXIMAÇÃO	Termo brasileiro que substitui "zoom-in" e tem o mesmo significado que ele. Aproxima o objeto ou cenário através da variação ótica da lente.
APURAÇÃO	Investigação dos dados e fatos ligados à notícia, visando evitar erros na informação.
AQUÁRIO	Estúdio de locução envidraçado.
ARGUMENTO	Percurso da ação. Resumo que contém as principais vertentes de uma história. É a própria defesa escrita da história.
ARQUIVO DE FITAS	Setor da emissora ou do Departamento de Jornalismo encarregado da guarda e preservação das fitas de vídeo-teipe.
ASSINATURA	Encerramento do programa, que contém os nomes e as funções de todos os profissionais e técnicos que trabalham na produção dos programas.
ATUALIDADE	Qualidade exigida na prática do jornalismo eletrônico.
ÁUDIO	A parte sonora (palavras, músicas, ruí-

GLOSSÁRIO 161

dos e efeitos sonoros) de um vídeo ou programa de televisão.

BACKGROUND — Música, vozes ou ruídos existentes por trás (no fundo, por baixo, em nível secundário), na gravação do áudio. Abreviado e nominado correntemente como "begê".

BARRAS — Padrão de cor em forma de barras, geradas eletronicamente. Serve para os ajustes dos equipamentos eletrônicos (câmaras, monitores, geradores de efeitos e transmissores). É acompanhado por um tom de referência de áudio de 1000 Hz. Também conhecido como "color bars".

BARRIGA — Notícia inverídica, não checada e veiculada como verdadeira.

BETACAM — Sistema integrado VT-Câmara. Grava no formato profissional de 1/2 polegada. Apresenta alto padrão de qualidade de gravação de imagens. Usado por telejornalistas de algumas emissoras estrangeiras por suas extraordinárias qualidades de gravação. O custo é muito alto e proibitivo para a maioria das redes ou emissoras.

BLOCO — Segmento composto pelas notícias que ocupam o espaço de um intervalo comercial a outro.

BOLETIM — Notícia breve realizada pelo repórter no local da ação. É composto pelo título, pequena introdução ao assunto e entrevista (no máximo duas perguntas) com o envolvido na questão. São, geralmente, matérias que vão ao ar sem edição.

CABEÇA DE MATÉRIA — Abertura de uma notícia. É a narração do fato mais importante, logo no início. A função é despertar o telespectador para o assunto.

CABEÇALHO — Dados que devem constar no alto da lauda de telejornalismo.

CABINE DE LOCUÇÃO — Pequena sala com tratamento acústico onde atua o locutor.

CAIXA DE SAPATO — Expressão corrente que significa o aparelho de intercomunicação entre a emissora e a unidade externa, quando esta

CÂMARA SUBJETIVA	faz transmissão ao vivo no local da ação. Movimento de câmara que funciona como se fosse o olho do telespectador.
CÂMARA CONTROL UNIT	Também chamado C.C.U. É a Unidade de Controle da Câmara. Contém circuitos processadores dos sinais das imagens eletrônicas. Quando a câmara requer o C.C.U., ela deve estar sempre ligada a este, e não ao gravador de vídeo-teipe.
CANETAR	Ação de corrigir ou completar um texto datilografado.
CARTÃO	Arte com letras, desenhos, marcas, reproduções fotográficas que serão inseridas sobre as imagens gravadas. Substituído pelo gerador de caracteres, quando da geração dos cargos e nomes da equipe e dos entrevistados.
CENA	Unidade de captação de imagem, dentro de uma mesma localização.
CENÁRIO	Ambiente natural ou artificial onde se desenvolvem as cenas dos programas e a apresentação dos telejornais.
CHAMADA	Flash gravado sobre matéria ou programa, que serve para despertar o interesse e alertar os telespectadores sobre determinado fato.
CHECAR	Ato de verificar se a pauta e as informações sobre os fatos estão corretas.
CHEFE DE REPORTAGEM	Encarregado da supervisão e coordenação do trabalho da reportagem.
CHICOTE	Movimento rápido com a câmara. Com ele, a imagem fica "borrada" e indefinida; é usado para mudar o cenário ou o tempo da ação.
CHROMA	Principal controle da cor. É a medida da intensidade e qualidade da cor da imagem eletrônica colorida.
CHROMA-KEY	É uma chave de cor. Trata-se da possibilidade técnica que permite eliminar as informações visuais contidas num cenário em uma das cores básicas, normalmente o azul. Com isto, é possível fazer fusão apenas das partes da imagem que nos interessam, superpondo-as a outra imagem gerada por outra câmara. Está sendo substituído pelo Newsmatte, que apresenta melhores definições e potencialidades de uso.

GLOSSÁRIO 163

CLIPPING	Conjunto de recortes de jornais e revistas sobre determinado assunto.
COBERTURA	Realização de reportagem sobre determinado assunto, no local de sua ocorrência. Em mídia, é o número de pessoas atingidas pelo veículo ou determinado programa.
CÓDIGO BRASILEIRO DE TELECOMUNICAÇÕES	Legislação que regulamenta o exercício da radiodifusão no país.
COLA NA VINHETA	Expressão usada para indicar ao repórter que ele deverá começar a dar o recado logo após a vinheta do programa. Ele não será chamado pelo apresentador no estúdio.
CONCISÃO	Qualidade essencial ao texto eletrônico.
CORRESPONDENTE	Jornalista encarregado da cobertura em determinada região, no país ou no exterior.
CORTADOR	Operador da mesa de seleção de imagens no switch. Escolhe as imagens oferecidas pela câmara do estúdio.
CORTE	Ato de comutar a imagem de uma fonte geradora para outra no switch ou na edição. A edição é uma sucessão de cortes.
CPP	Central de Pós-Produção. É um tipo de ilha de edição mais sofisticada que a do jornalismo diário. Permite gerar efeitos especiais visuais e sonoros, colocar os caracteres e usar os recursos do A.D.O., com vasta possibilidade de manipulação das imagens. É o local de "acabamento" de uma edição ou programa de televisão.
CRÉDITO	Registro dos profissionais responsáveis pelo trabalho jornalístico que contribuíram para a realização do programa.
CURTO E GROSSO	Expressão corrente no telejornalismo, usada para indicar que o texto ou a matéria deverá dizer o máximo com o mínimo de palavras e imagens.
DÁLIA	Espécie de "cola" que os apresentadores usavam no passado para ler o texto olhando para a câmara.
DECUPAGEM	Do francês *découper*, ato de recortar. Ato de dividir o roteiro, cena por cena,

164   S. SQUIRRA

	para prever necessidades e programar seqüência de trabalho.
DENTEL	Departamento Nacional de Telecomunicações — Órgão do Ministério das Comunicações que orienta, coordena e fiscaliza as aplicações das leis, regulamentos e normas relativas às atividades de telecomunicações.
DEIXA	É a marcação de entrada e saída para as falas dos entrevistados e também do repórter. No telejornalismo é fundamental a marcação, na lauda, da deixa de saída, que é a parte que encerra a matéria no ar.
DIMMER	Aparelho que serve no estúdio para o controle, individual ou coletivo, da intensidade da iluminação.
DIRETOR DE TV	É o responsável pelo comando da mesa de cortes e pelo andamento do programa, de acordo com o script. É o elemento que mantém contato permanente com os cameramen, o diretor do estúdio, a sonoplastia e o videocassete. Todos trabalham sob a coordenação do diretor de TV.
DROP OUT	Defeito na imagem de vídeo causado pela ausência de óxido na fita magnética. Manifesta-se com pontos ou listas na imagem reproduzida. Não pode ser percebido a olho nu na própria fita.
EDIÇÃO	Ato de montar uma reportagem para o telejornal. É realizado após o conhecimento e a seleção prévia dos trechos que interessam à veiculação.
EDITOR DE IMAGENS	Radialista que tem como função o manuseio do equipamento eletrônico. Trabalha sob o comando do editor de notícias e tem como preocupação básica a qualidade das imagens e dos sons das reportagens.
EDITOR DE NOTÍCIAS	Jornalista encarregado da edição/montagem das partes que interessam à veiculação da notícia. Sua preocupação básica é com o conteúdo da informação.
EDITOR RESPONSÁVEL	Jornalista responsável por determinado telejornal. Acompanha todas as edi-

GLOSSÁRIO 165

	ções feitas pelos editores de notícias e organiza o telejornal como um todo.
EMBRATEL	Empresa Brasileira de Telecomunicações — empresa de economia mista, subsidiária da Telebrás. É responsável pela realização técnica das transmissões interestaduais e internacionais.
EMISSORA	Empresa estatal ou particular que produz e transmite mensagens de comunicação de massas por meio da tele-radiodifusão.
ENCERRAMENTO	O final de um programa de televisão, com os créditos técnicos e a vinheta de fechamento. É também a parte final de uma matéria jornalística.
ENG	Iniciais do inglês "Electronic News Gathering". É o processo de produção eletrônica de matérias jornalísticas.
ENQUADRAMENTO	Posição da lente em relação ao objeto ou cena que está sendo gravada, definindo assim o que se vê e como se vê.
ENTREVISTA	Diálogo entre o repórter e o entrevistado, sob forma de perguntas e respostas, visando obter informações de interesse para a comunidade.
ENTREVISTA COLETIVA	Entrevista em que a personalidade atende coletivamente aos repórteres interessados, respondendo às perguntas formuladas por todos.
ENVIADO ESPECIAL	Repórter que se desloca até uma região ou país com a função definida de realizar reportagem sobre assunto preestabelecido.
ENXUGAR	Ato de reescrever um texto, eliminando todos os elementos desnecessários. Tem a intenção de tornar o texto mais claro, objetivo e de fácil compreensão.
ESPELHO	A organização do telejornal, apresentada de forma extremamente concisa, reflete como está sendo estruturado o telejornal.
ESTOURAR	Ato de ultrapassar o tempo preestabelecido para uma notícia ou entrada ao vivo.
EXCLUSIVIDADE	Cobertura de um fato feita por só uma emissora, a partir de acordos econômicos ou da agilidade da reportagem da emissora.

FADE-IN	O clareamento gradual do vídeo, que, a partir da inexistência de sinal, apresenta imagem na tela.
FADE-OUT	O escurecimento gradual do vídeo até o preto total.
FAST MOTION	Reprodução da imagem em velocidade maior que a real.
FECHAR	Movimento de aproximação do objeto ou cena. O mesmo que zoom-in ou aproximação.
FLASH	Cena muito curta, de alguns segundos a poucos minutos, que caracteriza o estilo de memorização de um programa.
FLASHBACK	Cena que revela algo do passado.
FOCA	Jornalista sem experiência, em início de carreira.
FONTE DE INFORMAÇÃO	Pessoa, órgão, entidade ou mesmo documentação que gera ou esclarece fato noticiado ou a ser veiculado.
FRAME	A menor parte de uma imagem em vídeo-teipe. O equivalente ao quadro ou fotograma do filme.
FREE-LANCE	Trabalho encomendado a um profissional sem vínculo empregatício.
FREEZE	Significa, para a denominação em televisão, "congelar" a imagem.
FURO	Notícia divulgada em primeira mão.
FUSÃO	Mistura de duas imagens em que a primeira se sobrepõe à segunda, ou vice-versa.
GANCHO	O fato que justifica a produção de determinada notícia e a torna interessante para o público.
GERADOR DE CARACTERES	Equipamento eletrônico que permite inserir no vídeo caracteres em forma de letras, números e outros sinais gráficos.
GRAVAÇÃO	O correspondente à filmagem no cinema.
GRAVANDO!	Ordem de trabalho equivalente à "ação" do cinema.

GLOSSÁRIO 167

ILHA DE VT	Conjunto de equipamentos de vídeo que funciona de forma integrada para gravar, reproduzir ou editar uma notícia ou programa de televisão.
IMAGEM CONGELADA	Equivalente ao quadro parado do cinema. O mesmo que "freeze".
INFORMAÇÃO	O objetivo fundamental do jornalismo. O telejornalista tem de saber distinguir informação de opinião e mesmo de interpretação.
INSERT	Pode ser de vídeo ou de áudio. Trata-se da inclusão de pequena informação sonora ou visual em matéria já editada. A imagem ou o som são incluídos em ponto definido de entrada e saída, não interferindo no resto da matéria.
INSTITUCIONAL	Tipo de documentário que tem o objetivo de promover imagem favorável de um produto, empresa ou instituição pública. O objetivo não é a venda direta do produto ou empresa, mas a criação de imagem favorável desses elementos.
INTERCOM	Sistema de intercomunicação entre o diretor de TV e os cameramen.
INTERVALO	Espaço existente entre dois programas ou blocos de um telejornal. Normalmente é preenchido por comerciais.
LAUDA	Folha específica usada na redação telejornalística.
LINK	Ligação estúdio-transmissor e transmissor-transmissor. Trata-se de serviço técnico que permite o envio do sinal de televisão para transmissão. É também a ligação da emissora com uma unidade geradora de sinal (imagens ao vivo de uma transmissão de futebol, p. ex.).
MANCHETE	Texto conciso que contém uma informação forte. Destina-se a atrair a atenção do telespectador para a notícia que vem a seguir.
MASTER	Controle central da emissora.

MATÉRIA	Assunto desenvolvido pela reportagem.
MATRIZ	A primeira gravação das imagens captadas pela câmara.
MERCHANDISING	Veiculação de um produto ou marca, de forma disfarçada, na programação ou num programa de notícias.
MICROFONIA	Som agudo e altamente incômodo, provocado quando o microfone é ligado próximo a um alto-falante.
MIXAGEM DE ÁUDIO	A combinação eletrônica na mistura de dois ou mais elementos sonoros em uma única pista de áudio.
MONITOR	Aparelho receptor de televisão de alta qualidade que está ligado a uma câmara, ilha de edição ou telecine.
MONITORAR	Ato de fiscalizar a qualidade da imagem, do som e da operação técnica de uma produção ou de um programa de televisão.
MONTADOR	O mesmo que editor de imagens em televisão. É o profissional radialista que monta (cinema) ou edita (vídeo) as imagens escolhidas pelo editor de notícias.
MOVIOLA	Equipamento usado para a montagem em filme.
NO AR	É a transmissão da emissora naquele momento. O que o apresentador estiver lendo está indo direto para os aparelhos receptores. Nos estúdios existe uma lâmpada vermelha que indica se o programa está "ao vivo", isto é, se ele está no ar.
NOTA	Notícia curta destinada à informação do fato, sem muitos detalhes. Comunica objetivamente o fato ocorrido.
NOTÍCIA	Relato de um fato jornalístico de interesse e importância para a população.
OFF	Vozes ou sons presentes numa gravação sem o aparecimento da imagem da fonte geradora. Vem de "off the record", que significa informação fornecida ao repórter cuja fonte não quer ou não pode ser identificada.

GLOSSÁRIO 169

PASSAGEM	Parte que faz a ligação entre um trecho da reportagem e outro. Serve de "ponte" no caso de reportagens que ocorrem em dois lugares distintos.
PASTINHA	Pasta sanfonada onde são guardadas as sugestões de pauta, eventos e press-releases selecionados.
PAUTA	Descrição dos assuntos que podem ser produzidos pela reportagem.
PAUTEIRO	Jornalista que organiza a pauta.
PEDESTAL	Suporte de mesa para microfone.
PERFIL	Descrição das características básicas de uma pessoa ou um programa de televisão.
PESQUISA	Ato de coletar informações para elaborar matérias jornalísticas, usando arquivos, documentos, jornais, revistas ou fontes especializadas.
PILOTO	Programa realizado em fase experimental.
PRATICÁVEL	Base de madeira ou de alumínio usada no cinema e na televisão para montar cenários e equipamentos.
PRESS-RELEASE	Texto informativo produzido por empresas e órgãos do governo tendo em vista a divulgação pelas emissoras.
PREVIEW	Exame prévio de cortes e efeitos especiais realizado antes de serem colocados no ar ou usados na edição.
QUADRO	Uma imagem de televisão. No Brasil são transmitidos 30 quadros por segundo, divididos em 525 linhas.
QUADRO PARADO	Também chamado de "still". É o fotograma de um filme ou o stop-motion do VT. É usado como ilustração.
QUICK MOTION	Câmara rápida, movimento acelerado da cena.
RABICHO	Locução off feita no final dos programas, de caráter informativo ou promocional, durante a transmissão dos créditos e ficha técnica.
RADIALISTA	Profissional que trabalha na televisão, em áudio ou vídeo, que exerce função técnica de produção.

RADIOESCUTA	Profissional (ou estagiário de jornalismo) a quem compete levantar assuntos de interesse para o telejornal, a partir da escuta dos programas noticiosos radiofônicos e de televisão.
REDONDO	Afirmação usada quando o trabalho jornalístico está completo, coerente, objetivo e interessante.
REGISTRO	Entrada rápida do repórter ou do apresentador no ar, informando apenas o fato, deixando os detalhes de lado.
RELATÓRIO DE REPORTAGEM	Resumo objetivo do trabalho realizado pelo repórter na produção externa, do qual deverão constar dados objetivos, tais como: título da matéria, data, número de fita, nome e cargo dos entrevistados, abertura, passagem, encerramento e off do repórter.
REPORTAGEM	Conjunto de providências necessárias à elaboração de uma matéria. É composta de pesquisa, trabalho de checagem dos dados, entrevista externa e edição das informações essenciais do fato ocorrido.
SALA DE CONTROLE	O mesmo que master. É o local que coordena a programação que está sendo veiculada, a entrada das chamadas, programas e espaços comerciais.
SCRIPT	No telejornalismo, é o conjunto das laudas redigidas e devidamente marcadas sobre as matérias que irão ao ar.
SEG	Do inglês "Special Effects Generator". Mesa geradora de efeitos e cortes. Está no switch.
SLOW MOTION	Recurso técnico capaz de diminuir a velocidade da imagem.
SOM AMBIENTE	Música, sons e vozes naturais de um ambiente, que aparecem como fundo numa gravação.
SONOPLASTA	Técnico responsável pela parte de áudio da transmissão. É um radialista.
SONORIZAÇÃO	O processo de colocação da parte de áudio no filme ou VT. Inclui diálogos, músicas, parte em off e efeitos sonoros.
STAND-BY	Sinal de atenção, no sentido técnico. No telejornal, é a produção de reportagem objetiva só com a presença do re-

GLOSSÁRIO 171

	pórter, que apresenta a última versão sobre determinado assunto.
STILL	Imagem ou quadro parado, congelado.
SUÍTE	Continuidade de um fato jornalístico, mediante acréscimo de novos elementos que o atualizam.
SWITCH	Local onde está o controle de uma unidade de produção, normalmente composta por: um estúdio, câmaras, telecine, vídeos, geradores de caracteres e sonoplastia. É onde trabalha o diretor de TV.
TAKE	O mesmo que cena.
TAPE	Fita de plástico, revestida por fina camada de óxido de ferro, onde são gravados, magneticamente, a imagem e o som.
TBC	Do inglês "Time Base Corrector". O TBC restabelece o sincronismo e acerta os tempos que se desregulam durante os processos de gravação e edição de imagens.
TEASER	Pequena chamada ou divulgação de uma notícia.
TELECINE	Equipamento que transfere a imagem e o som dos filmes (8, 16 ou 35mm) para uma fita de vídeo-teipe ou diretamente para o ar, no caso dos filmes transmitidos pela televisão. Abreviação TC.
TELETIPO	Aparelho telegráfico que traz informações de agências noticiosas locais, nacionais e internacionais. Imprime imediatamente, em papel próprio, as notícias que são aproveitadas pelos telejornalistas.
TELEX	Serviço telegráfico que permite a comunicação direta e temporária entre usuários por meio de aparelho teleimpressor.
TOP	Termo utilizado em televisão para designar o tempo que falta para o início de um programa (geralmente de 8 segundos). É necessário para a devida sincronização das diversas emissoras e retransmissoras quando em cadeia.
TRÁFEGO DE FITAS	Setor da emissora responsável pela movimentação, conservação e libera-

172 S. SQUIRRA

ção de fitas virgens e já gravadas com reportagens e programas em geral.

UNIDADE EXTERNA	Viatura do gênero furgão, ônibus ou microônibus onde é montada uma espécie de miniestação de TV. Tem antena de microondas para enviar à emissora, ao vivo, imagens captadas pelas câmaras.
UNIDADE PORTÁTIL OU DE PRODUÇÃO	Conjunto eletrônico usado para captar imagens e sons. Também chamado "ENG". Constitui-se de câmara, gravador/reprodutor de VT, baterias, microfone e fonte de luz simples. Usado basicamente no jornalismo.
VIDEOCASSETE	Equipamento de VT usado para gravar/reproduzir imagens e sons. Pode ser portátil ou de mesa.
VIEW FINDER	É o visor da câmara. Trata-se de pequeno televisor em preto e branco, que serve para mostrar ao cameraman o enquadramento da câmara.
ZOOM-IN	Termo inglês que significa a aproximação da imagem do objeto ou cenário. Substituído por "aproximação da imagem". O movimento pode ser ótico (só com a lente) ou mecânico, com o deslocamento da câmara.
ZOOM-OUT	Termo inglês que significa o afastamento da imagem do objeto ou cenário. Substituído por "afastamento da imagem". O movimento pode ser ótico (com a lente) ou mecânico, com o deslocamento da câmara.

BIBLIOGRAFIA

ALMEIDA F?, H. et all., *O ópio do povo: o sonho e a realidade*, São Paulo, Símbolo, 1976.
BOND, F. *Introdução ao jornalismo*, Rio de Janeiro, Agri, 1959.
CAPARELLI, S. *Televisão e capitalismo no Brasil*, Porto Alegre, L&PM, 1982.
CARVALHO, E., KEHL, M. R. e RIBEIRO, S. N. *Anos 70: televisão*, Rio de Janeiro, Europa, 1980.
CASASÚS, J.M. *Teoria de Imagem*, Rio de Janeiro, Salvat, 1979.
CAVALCANTI, A. *Filme e realidade*, Rio de Janeiro, Artenova, 1976.
CHESHIRE, D. *Manual de cinematografia*, Madri, H. Blume, 1979.
GREEN, M. *Periodismo en TV*, Buenos Aires, Troquel, 1973.
GRIVET, P. e HERRENG, P., *La télivision*, Paris, Prenes Universitaries, 1974.
HERZ, D. *A história secreta da Rede Globo*, Porto Alegre, Tchê, 1987.
HUSTON, J. *Um livro aberto*, Porto Alegre, L&PM, 1987.

KOTSCHO, R. *A prática da reportagem*, São Paulo, Ática, 1986.
LAWSON, J.H. *O processo de criação no cinema*, Rio de Janeiro, Civilização Brasileira, 1967.
LINS DA SILVA, C. E. *Muito além do Jardim Botânico*, São Paulo, Summus, 1985.
Manual de redação — Telejornalismo, Rede Globo, São Paulo, 1984.
MARQUES DE MELO, J. *Telemania, anestésico social*, São Paulo, Loyola, 1981.
MELLO E SOUZA, C. *Quinze anos de história — JN*, Rio de Janeiro, Rio Gráfica, 1984.
NASSAR, S. J. *1 000 perguntas — televisão*, Rio de Janeiro, Rio/Estácio de Sá, 1984.
NEIVA JR, E. *A imagem*, São Paulo, Ática, 1986.
REZENDE, G. J. *O tele-espetáculo da notícia*, São Paulo, ECA/USP (dissertação de mestrado), 1985.
ROSSI, C. *Vale a pena ser jornalista?* São Paulo, Moderna, 1986.
RUGE, P. *Prácticas de periodismo televisivo*, Pamplona, Ediciones Universidad de Navarra, 1983.
RUIZ, A.A. *El mundo de la television*, Madri, Guadarrama, 1971.
SAMPAIO, W. *Jornalismo audiovisual*, Petrópolis/ São Paulo, Vozes/EDUSP, 1971.
SERRA, F. *A arte e técnica do vídeo: do roteiro à edição*, São Paulo, Summus, 1986.
SERRA, F. *O que toda empresa pode fazer com o videocassete*, São Paulo, Summus, 1982.
SOUZA, C.A. *Um embaixador em tempos de crise*, Rio de Janeiro, Francisco Alves, 1979.
TEODORO, G. *Jornalismo na TV*, Rio de Janeiro, Tecnoprint, 1980.

PREVISÃO DE PAUTA

(TVS)

data 26.09.89 MM	Jornal ATENÇão	folha 2B

RETRANCA

Hora:

Fone(s):

Endereço:

Obs:

Previsão de pauta SBT/SP

ASSUNTO

SIDERURGIA/CONGRESSO -8h30 Anhembi
Será realizado hoje o congresso da associação brasileira de metais, que tem 2 temas de interesse atual: sistemas de abastecimentos na siderurgia e metalúrgica e o meio ambiente.

EXPORTAÇÃO/CONGRESSO
8h30m- r Alexandre Dumas, 2372
A Câmara Americana de Comércio para o Brasil promove um fórum econômico para discutir a "Posição Competitiva do Brasil como Exportador".

PROPAGANDA/DEBATE
9h00 - Centro Empresarial SP
O papel da propaganda em relação aos produtos e serviços que divulga é o assunto de abertura do I Fórum Brasileiro da Qualidade, que vai reunir especialistas e empresários.

QUÉRCIA/RECURSOS
11h00 - Palácio dos Bandeirantes
O governador Orestes Quércia preside cerimônia para repasse de Ncz$ 5.135.541,00 a 65 municípios paulistas. A verba destina-se a compra de material necessário p/reforma e ampliação de escolas rurais.

PRÉ-PAUTA

3

JORNAL	PRESIDENCIAVEIS	DATA 25-09-89	DIA DA SEMANA SEGUNDA
ASSUNTO	PAUTA		
	COLLOR DE MELLO - ESTÁ EM BRASÍLIA. PASSA O DIA REUNIDO COM ASSESSORES PARA DISCUTIR ANDAMENTO DA CAMPANHA. LULA DA SILVA - ESTÁ EM SÃO PAULO. PELA MANHÃ SE REÚNE COM ASSESSORES NO COMITÊ NACIONAL. A PARTIR DAS DUAS DA TARDE GRAVA PROGRAMAS ELEITORAIS. ULISSES GUIMARÃES - ESTÁ EM BRASÍLIA GRAVANDO PROGRAMAS PARA O HORÁRIO GRATUITO. AFFONSO CAMARGO- ESTÁ EM BRASÍLIA. DE MANHÃ GRAVA PROGRAMAS ELEITORAIS. À TARDE SE REÚNE COM ASSESSORES PARA DISCUTIR PLANO DE GOVERNO. AURELIANO CHAVES- ESTÁ EM BELO HORIZONTE. GRAVANDO PROGRAMAS PARA O HORÁRIO GRATUITO DO TSE. ROBERTO FREIRE- ESTÁ EM LONDRINA, PARANÁ. ÀS 9H FAZ PALESTRA NA UNIVERSIDADE ESTADUAL. ÀS 17 H PARTICIPA DE CONCENTRAÇÃO POPULAR NO CENTRO DA CIDADE. MARIO COVAS -ESTÁ EM BRASILIA REALIZANDO CONTATOS POLÍTICOS. AFIF DOMINGOS -ESTÁ EM SÃO PAULO. PASSA O DIA GRAVANDO PROGRAMAS PARA O HORÁRIO GRATUITO.		

REDE GLOBO   PRE-PAUTA

JORNAL	DATA	DIA DA SEMANA
AGENDA/CULTURA	16.10	SEXTA

ASSUNTO	PAUTA
LUCIANO SEMPRE AOS DOMINGOS	LIVRO DE HELOISA HELENA TRONCARELLI. CONTA A VIDA DE UM MENOR ABANDONADO, QUE SENTE FALTA DE APOIO NO DIA A DIA. LANÇAMENTO A PARTIR DAS 18H30, NA LIVRARIA CULTURA. END. AV. PAULISTA, 2073-CJ. NACIONAL.
"AQUILO DEL NISSO"	GRUPO DE JAZZ, FORMADO POR ALUNOS DO DEPARTAMENTO DE MÚSICA DA ECA-USP. SE APRESENTAM HOJE E A MANHÃ, ÀS 20 HORAS, NO CENTRO CULTURAL. LOCAL- SALA ADONIRAN BARBOSA END. RUA VERGUEIRO, 1000.
SEBASTIÃO FALCIANO	ABRE-SE, ÀS 20H30, EXPOSIÇÃO DO ARTISTA PLÁSTICO SEBASTIÃO FALCIANO. SÃO 35 QUADROS INSPIRADOS NO COTIDIANO E EM FIGURAS RELIGIOSAS. LOCAL- CLUB ATHETICO PAULISTANO END. RUA HONDURAS, 1400- TEL. 280-8633
CONJUNTO FELLINI	O GRUPO SE APRESENTA HOJE E AMANHÃ NO CFF, ÀS 24 HORAS. É UM SHOW DE LANÇAMENTO DO 3º DISCO "LUGARES DIFERENTES". END. RUA ROMILDA M. GABRIEL, 142-TEL.853-5998

(Exemplo de Pré-pauta
Rede Globo/SP)

(TVS) Relatório de Reportagem	DATA 29/09/89	HORÁRIO 8-...

RETRANCA JUDEUS/ANO NOVO

REPÓRTER MAGDALENA BONFIGLIOLI   FITA Nº

ABERTURA passagem	TEMPO	ENCERRAMENTO	TEMPO
OFF abaixo		Nº DE ENTREVISTAS	
1º ENTREVISTADO HENRY SOBEL- líder da Congregação Israelita Paulista			TEMPO
2º ENTREVISTADO Saudações em: idiche e hebraico			TEMPO
3º ENTREVISTADO povo fala sobre o que significa o ano novo			TEMPO

Saudação em Ladino

OFF/ Parece um dia normal no comércio do Bom Retiro, o bairro onde trabalha a maioria da comunidade judaica que vivem em São Paulo. Mas tudo é preparação para o Rosh Hashaná. Este homem desembrulha uma coroa de prata e os mandamentos de Moisés que chegaram da Rússia, e têm mais de 3 mil anos. Vão estar na sinagoga esta noite, quando começa o ano 5.750, o ano novo judaico.

SONORA HENRY SOBEL

SONORAS JUDEUS

PASSAGEM- o significado de cada alimento esta noite

Eles vão pedir a Deus um ano doce em sinagogas diferentes. Esta é uma sinagoga libanesa, da comunidade sefaradim, de origem oriental. Descendem de judeus perseguidos e expulsos principalmente da península ibérica no século XV.

Já este templo é dos asquenazitas, equivalentes à catedral dos católicos. Vieram da Europa Central e são maioria no Brasil. Mais liberais, eles comemoram o ano novo até na sinagoga montada no teatro de seu clube. Mas não importa a sinagoga, o Shofar vai soar em todas elas, anunciando o Ano Novo.   VIRE/

ANEXOS 179

BANDEIRANTES

ROTEIRO RELATÓRIO DE REPORTAGEM DATA 25 / 09 / 89

RETRANCA Mutirão - São Miguel
LOCAL Baixada do Itaim
REPÓRTER Márcia Cunha
CINEGRAFISTA Mauro Caggiano AUXILIAR Maximino Oliveira

	NEG.	POS.	BP.	COR	PÉS

sonoras com Adm Regional São Miguel - Manuel Cordeiro
Diretor de Obras Sec. Admin. Regionais - Ricardo Pereira Silva

OBS:
Regional de S.Miguel atende população de 1 milhão e 100 mil hab.
Não achamos ninguém da soc. amigos de Bairro e secretária já tinha ido

ROTEIRO

O mutirão começou pela Baixada do Itaim. Aqui moram mais de 100 mil pessoas A maioria das ruas é de terra, cheia de mato e buracos. Os córregos e bueiros estão sempre sujos. A prefeitura colocou quase 200 homens, 70 máquinas e caminhões p/ trabalhar no mutirão. As ruas estão sendo niveladas e os córregos, bueiros e valetas, limpos.

(SONORA ADM; REG;)

O mutirão vai durar 8 dias. Mas não vai resolver o principal problema da região: a enchendte. O bairro fica na várzea do rio Tietê. E não é preciso chover muito P/ tudo isso aqui ficar alagado.

(SONORA ENGENHEIRO)

ESPELHO DO JORNAL NACIONAL – 15/09/89 – SEXTA – NO AR ÀS 19:55H	
0 – ESCALADA 1 – VT FLORIPA ENCHENTE 2 – VT POA CHUVA 3 – NOTA METEOROLOGIA 4 – VT NATAL SECA 5 – VT RIO ANIMAIS 6 – VT ALASCA ECOLOGIA 7 – VT GOIÁS MOTOS	*ESPELHO JN 15.09.89* CID
8*****************PASSAGEM COMERCIAL*******************	
9 – VT RIO BOEING 10– VT EUA UNITED 11– NET VIVO SP JOELMIR 12– VT HOLANDA COCA 13– VT RIO ROCINHA	SÉRGIO
14****************PASSAGEM COMERCIAL*******************	
15– VT RECIFE CNP 16– VT CTA ÓLEO DIESEL 17– NET VIVO SP JOELMIR 18– VT FORTALEZA MAILSON 19– VT SP SEGURO LILLIAN 20– VT CH. G. REPÓRTER	CID
21****************PASSAGEM COMERCIAL*******************	
22– VT ARTE GALLUP 23– VT BSB TSE 24– VT ALEXANDRE BASTIDORES 25– VT SP CANDIDATOS ESTRÉIA 26– BOA-NOITE	SÉRGIO

CENTRAL DE JORNALISMO 1º Espelho TJ Brasil nº338 data: 28.09.89

1º/2º blocos Retranca	F	T	Pg	3º bloco Retranca	F	T	Pg	4º bloco Retranca	F	T	Pg	5º bloco Retranca	F	T
abertura	vt													
manchetes	vt	1'30		vh cabeça de bloco	vt	5"		vh cabeça de bloco	vt	5"		vh cabeça de bloco	vt	5"
1º COMERCIAL				batata/ribeirão	vt	1'10		bsb/robertão (vt de bsb)		1'20		boris rio vivo	nota	10"
vh cabeça de bloco	vt	5"		invasor/parana	vt	1'20		comentario boris	nota	20"		rio/afif	vt	1'20
boris rio vivo	nota	10"		sem terra/porto alegre	nota	20"		bsb/wallson (vt de bsb)		1'30		comentario boris	nota	20"
rio/boeing	vt	1'40		flat/sp	vt	1'30		tamer	vivo	1'00		maluf/são luiz	vt	1'20
comentario boris	nota	20"		boris chama tvo	nota	10"		moinha santista/link	link	1'00		comentario boris	nota	20"
rebeca/salvador	vt	1'20		tvo/rio surf (vt do rio)		1'30		inter	vt	40"		rio/brizola (*)	vt	1'00
bsb/capitão america (vt de bsb)		1'20		tvo chama boris	nota	10"		inter	vt	40"		comentario boris	nota	20"
banco – sp	vt	1'10		passagem dois	vt	25"		passagem tres	vt	25"		lula/bh	vt	1'00
passagem um	vt	25"										comentario boris	nota	20"
2º COMERCIAL//REDE				3º COMERCIAL				4º COMERCIAL				bsb/ulysses (vt de bsb)		1'10
												comentario boris	nota	20"
												bsb/tse (vt de bsb)		1'00
												resumo	nota	1'00

OBS (*) corte direto   INÍCIO 19:40'55"   ENCERRA 20:22'44   LIQUIDO 28'39"   PTS2'00/5'10/3'00/3'00

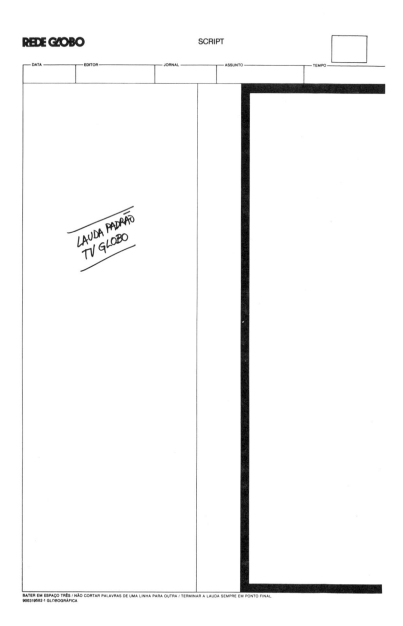

ANEXOS

RTC RÁDIO E TELEVISÃO CULTURA					
REDATOR squirra	DATA 11.01.85	MATÉRIA Agressão		TEMPO	21·A

CAM LOC Angelo		-VIVO-	Esse convite do General Newton Cruz ao repórter foi motivado pelo incidente do dia 17 de dezembro de oitenta e três.
RODA K-7(fita 4320) GC: Brasília -17/dezembro/83- (gerador de caracteres)		-OFF-	Nesse dia, o general dava a primeira entrevista depois das medidas de emergência que ele aplicou em Brasília quando da votação do decreto vinte quarenta e cinco. O General mandou que o repórter desligasse o gravadou e depois exigiu que ele pedisse desculpas pelas perguntas que tinha feito. Paera isso, usou da agressão física, o que intimidou o repórter. A cena foi documentada por toda a imprensa presente.

bater em espaço 2,5 - não cortar palavras de uma linha para outra - terminar a lauda sempre em ponto final.

EDITOR Cleo Medeiros	RETRANCA	TEMPO	
JORNAL/DATA Jornal de São Paulo	Protesto ok	1'13''	1

REGINA — vivo

materia editada

Eng no ar

GC - Reportagem, Carlos Cavalcante.
GC - Imagens, Alan Cardec, e Roberto Ufo.
GC - Manifestante
GC - Manifestante
GC - Manifestante
GC - Manifestante.
GC - Maria Jofre dos Santos, mãe.

BOA NOITE.
Um protesto, hoje à tarde, contra a violência do trânsito na Avenida Nossa Senhora do Sabará, no bairro da Pedreira, Zona Sul de São Paulo. Só este ano, já aconteceram cem atropelamentos na avenida:

((((som do eng)))) 1'

duração da matéria editada

Deixa - Não fala direito, não anda direito.
(((mãe do garoto))))

EMERGÊNCIA

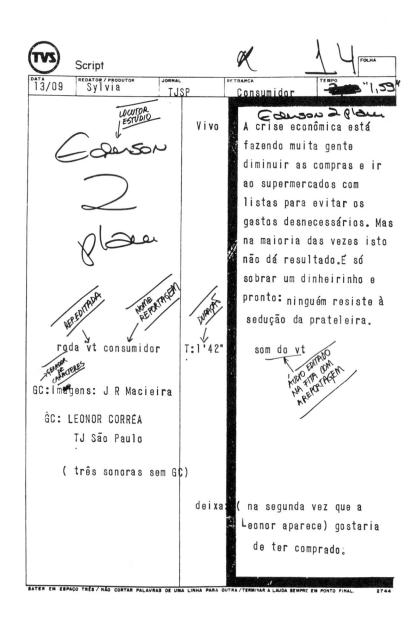

ANEXOS

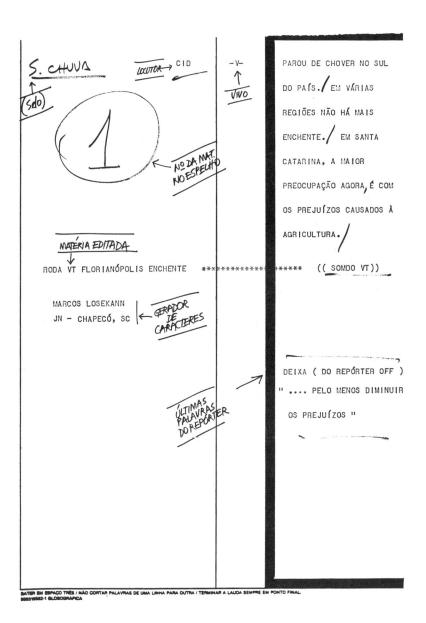

Sobre o autor

Sebastião Carlos de Morais Squirra é mestre em jornalismo pela Escola de Comunicações e Artes da USP, Jornalista profissional pelo Instituto Metodista de S. Bernardo e Comunicador Visual pela FAAP(SP).
Nasceu em Borboleta (interior de São Paulo) e estudou em Jales e S. José do Rio Preto. Começou em televisão na TV Cultura(SP) como assistente de produção do programa Vila Sésamo e Teatro 2. Foi produtor de comerciais na Blimp filmes, Banespa e Sell Propaganda. Repórter do Programa 90 Minutos e realizador de reportagens especiais na TV Bandeirantes(SP). Passou pelo jornalismo da TV Globo e foi editor no Departamento de Jornalismo da TV Cultura(SP) no período das Diretas-Já e da indicação e agonia de Tancredo Neves.
Foi professor da PUC-Campinas, do IADÊ(SP), da FAAP(SP), da Metodista(S.Bernardo), da PUC(SP) e das FIAM(SP). Estudou na Sorbonne-Paris IV(França) e estagiou na Societé Française de Productions e Antenne-2. Está concluindo doutorado e é professor de Telejornalismo e Laboratório Eletrônico na ECA/USP.
Realizou quatro documentários em Paris e vários vídeos institucionais e de treinamento para produtoras paulistas. Deu cursos na Intercom, na ESPM(SP) e foi consultor técnico da I Mostra Internacional da Imagem Científica da Estação Ciência/CNPq(SP).
Idealizou e coordenou o I Seminário Internacional de Estudos de Telejornalismo e atualmente é assessor da Diretoria da ECA/USP.

IMPRESSÃO:

Santa Maria - RS - Fone/Fax: (55) 222.3050
www.pallotti.com.br
Com filmes fornecidos.